1536/2011

W0359738

Herausgegeben vom
aid infodienst
Ernährung, Landwirtschaft, Verbraucherschutz e. V.
Heilsbachstraße 16
53123 Bonn
www.aid.de
aid@aid.de
mit Förderung durch das Bundesministerium für Ernährung, Landwirtschaft und Verbraucherschutz aufgrund eines Beschlusses des Deutschen Bundestages.

Text
Dr. Reinhard Albert, Landwirtschaftliches Technologiezentrum Augustenberg, Außenstelle Stuttgart, Dr. Martin Hommes, Institut für Pflanzenschutz in Gartenbau und Forst, Julius Kühn-Institut, Braunschweig, Dr. Gustav-Adolf Langenbruch, Reinheim, Klaus Schrameyer, Heilbronn

Titelbild
Wespenspinne, Klaus Schrameyer

Redaktion
Jörg Planer, Bonn
Anne Staeves, aid, Bonn

Gestaltung
grafik schirmbeck
Josef-Kreuser-Str. 80, 53340 Meckenheim

Druck
Druckerei Lokay e. K.
Königsberger Str. 3, 64354 Reinheim

ISBN 978-3-8308-0969-2

EMAS GEPRÜFTES UMWELTMANAGEMENT D-115-00036

Dieses Heft wurde in einem klimaneutralen Druckprozess mit Farben aus nachwachsenden Rohstoffen bei einer EMAS-zertifizierten Druckerei hergestellt. Das Papier besteht zu 60 Prozent aus Recyclingpapier.

Der Garten – Ein Bindeglied zur Natur

Wenn man erlebt, wie ein Kind buchstäblich auf den Tisch springt, weil am Boden eine kleine Spinne krabbelt, oder wie vorsichtshalber alle Käfer und „Krabbeltiere" im Haus beseitigt werden – denn sie könnten ja schädlich sein – wird schnell klar, wie viel Unkenntnis und Angst vor Insekten und kleinen Tieren verbreitet ist. Wachsende Teile der Bevölkerung haben keine oder nur noch eine negative Beziehung zu großen Teilen der Natur.

Diese Broschüre soll dazu beitragen, unbegründete Ängste vor unbekannten Tieren abzubauen und diese durch Interesse oder vielleicht sogar Bewunderung zu ersetzen. Im Mittelpunkt stehen Tiere im Garten. Der Garten ist für viele Menschen noch ein bedeutendes Bindeglied zur Natur. Wer viel Zeit im Garten verbringt, wird dort interessanten kleinen und größeren Tieren begegnen.

ÖKOSYSTEM GARTEN

1.1

Wer von einem Garten spricht, meint einen überschaubaren Raum, der in den meisten Fällen durch Hecke, Zaun oder Mauer abgegrenzt ist und der recht intensiv genutzt wird. Man unterscheidet sehr verschiedene Gärten, was jeweils durch eine entsprechende Vorsilbe ausgedrückt wird: Vorgarten, Kleingarten, Bauerngarten usw. Jede Bezeichnung weist auf die Lage, Größe oder Nutzung des Gartens hin.

So unterschiedlich diese Gärten auch sind, sie stellen alle ein kleines Ökosystem dar, in dem sich viele verschiedene Tier- und Pflanzenarten dauernd aufeinander abstimmen. Das fällt sofort dadurch auf, dass im Garten nicht nur die angebauten Gemüse- und Zierpflanzen wachsen, sondern auch zahlreiche „Unkräuter", die durch Jäten mühsam in Schach gehalten werden müssen. Ebenso werden Kulturpflanzen immer wieder von Schädlingen und Krankheiten befallen. Das Ökosystem Garten strebt einem fließenden Gleichgewicht zu, das optimal an die Gegebenheiten des Bodens, des Klimas und der Lage angepasst ist, das aber meist nicht den menschlichen Vorstellungen vom Nutzen des Gartens entspricht.

Jeder Garten ist ein kleines Ökosystem, in dem sich viele verschiedene Tier- und Pflanzenarten aufeinander abstimmen müssen.

Foto: Peter Meyer, aid

Je weiter sich diese Vorstellungen von dem natürlicherweise optimalen Ökosystem entfernen, desto mehr Arbeit muss man in den Garten stecken bzw. desto größer sind die Enttäuschungen.

Je schlechter die Wachstumsbedingungen für Nutzpflanzen sind – zum Beispiel wegen fehlender oder übermäßiger Nährstoff- und Wasserversorgung oder wegen eines falschen Standorts –, umso mehr Schädlinge und Krankheiten werden auftreten und umso schlechter wird die Ernte ausfallen. Durch die Anlage des Gartens, die Kulturmaßnahmen, die Sortenwahl und andere Maßnahmen können die Wachstumsbedingungen allerdings in gewissem Rahmen verbessert werden.

1.2 VON SCHÄDLINGEN UND NÜTZLINGEN

Weiter oben wurden bereits die „Schädlinge“ erwähnt, also Tiere, die für Kulturpflanzen schädlich sind. Das Gegenteil davon sind „Nützlinge“, nämlich Tiere, die den Kulturpflanzen nützen oder den Schädlingen schaden. Letztere werden auch als „Gegenspieler“ eines Schädlings bezeichnet. Die Biene, die die Apfelbaumblüte bestäubt, ist ebenso ein Nützling wie die Schlupfwespe, die das Apfelwickler-Ei auf dem Apfel parasitiert, also ein eigenes Ei hineinlegt, so dass statt einer gefräßigen Raupe eine Schlupfwespe daraus hervorgeht.

Aber längst nicht alle Tierarten im Garten sind als Schädlinge oder Nützlinge einzuordnen. Die übrigen gelten als „indifferent“, obwohl sie ebenso ihren Platz im Ökosystem Garten haben, zur Stabilisierung und Weiterentwicklung dieses Lebensraumes beitragen und damit ebenfalls nützlich sind.

Nützlinge werden in Räuber, Parasiten und Parasitoide unterteilt. Räuber – in der Fachsprache Prädatoren genannt – fressen während ihrer Entwicklung viele Beutetiere und sind meist wenig wählerisch. So frisst eine Florfliegenlarve gerne Blattläuse, aber auch kleine Raupen, Kartoffelkäfereier und notfalls sogar Artgenossen. Es gibt auch Räuber, die mit pflanzlicher Nahrung, zum Beispiel Pollen, beutearme Zeiten überbrücken können. Solche Räuber können bereits vor der Massenvermehrung eines Schädlings im Garten sein und stellen sich dann schnell auf ein neues Nahrungsangebot ein.
Parasiten und Parasitoide benötigen für ihre Entwicklung nur ein Wirtstier. Sie sind meist wesentlich spezialisierter als Räuber. So gibt es Blattlaus-Schlupfwespen, die nur bestimmte Blattlausarten befallen. Während Parasiten ihrem Wirt nur schaden, geht er bei Parasitoiden letztlich zugrunde.

Unterschieden werden Endoparasiten bzw. -parasitoide (z. B. Schlupfwespenlarven), die im Inneren des Wirtes leben und Ektoparasiten (z. B. Zecken) bzw. -parasitoide, die von außen an ihrem Wirt saugen. Je nachdem, welches Stadium eines Wirtes befallen wird, spricht man von Ei-, Larven-, Puppen- oder Imaginalparasiten bzw. -parasitoiden.

Wenn ein Pflanzenschädling von einem Parasiten oder Parasitoiden (Nützling) befallen wird, so kann dieser wiederum parasitiert werden. Dies wird als Hyperparasitierung bezeichnet. Aus dieser Sicht wäre also der Hyperparasit ein „Schädling".

Bei einigen Arten können die ausgewachsenen Parasitoide auch dadurch für den Menschen nützlich werden, dass sie Körperflüssigkeit von den Wirtstieren aufnehmen. Dabei verursachen sie Wunden, die das Tier meist nicht überlebt. Da sie oft wesentlich mehr Tiere verwunden als sie parasitieren, kann dieses Verhalten von großer Bedeutung sein.

Dieses Heft soll helfen, Nützlinge zu erkennen, ihre Bedeutung für die Schädlingsabwehr realistisch einzuschätzen und sie zu schonen und zu fördern. Es soll dazu beitragen, dass Gärtner von Nützlingen profitieren, ihre Lebensweise verstehen und das Zusammenwirken im Ökosystem Garten mit Interesse und Freude beobachten.

Der Begriff „Nützling" ist in diesem Heft teilweise sehr weit gefasst. Es werden auch einzelne Arten als Beispiele behandelt, die durch ihre Größe und Lebensweise auffallen und dem Menschen schädlich, gefährlich oder lästig erscheinen, während sie in Wirklichkeit eher als indifferent einzuordnen sind und deshalb als Bereicherung des Gartens toleriert werden können. Darauf wird bei den entsprechenden Arten hingewiesen. Vorgestellt werden nur Arten, die auch ohne Hilfsmittel sichtbar sind. Von den sehr wichtigen Mikroorganismen werden deshalb nur gut erkennbare insektenpathogene Pilze und von den Kleinlebewesen im Boden nur die Fadenwürmer behandelt.

Um das Erkennen der Nützlinge zu erleichtern, sind in Kapitel 2 (Seite 13) typische Erscheinungsbilder der einzelnen Nützlingsgruppen exemplarisch dargestellt. Damit ist es wesentlich einfacher, ein Beispiel für diese Gruppe im Heft zu finden.

Nützlinge findet man oft in der Nähe von Schädlingen. Zur genauen Betrachtung von Insekten und anderen Kleintieren eignet sich eine Handlupe mit drei- bis achtfacher Vergrößerung. Zur Artbestimmung – die aber längst nicht immer erforderlich ist – werden hingegen oft ein Stereomikroskop (zehn- bis 80-fache Vergrößerung) und die Hilfe von Experten benötigt.

Wer sich eingehender mit den Insekten und anderen Kleintieren in seinem Garten befassen will, kann sie zum Beispiel von seinen Obstbäumen in Auffanggefäße abklopfen sowie mit Kescher oder in eingegrabenen Bechern fangen. Nachtaktive Arten können mit einer Lichtfalle angelockt werden. In jedem Fall müssen bei diesem Vorgehen die einschlägigen Naturschutzbestimmungen beachtet werden. Geschützte und gefährdete Arten sind zu schonen und wieder freizulassen.

1.3 NÜTZLINGE BRAUCHEN FUTTER

Natürlich möchten Gärtner möglichst viele Nützlinge in ihrem Garten haben. Dazu müssen aber die Voraussetzungen gegeben sein – wenn nicht, müssen sie geschaffen werden.

Zunächst einmal brauchen die Nützlinge Futter. Wenn also die „richtigen" Schädlinge im Garten auftreten, ist das die erste Voraussetzung dafür, dass sich auch die entsprechenden Gegenspieler einstellen. Damit das nicht zu lange dauert, ist es günstig, wenn die Nützlinge bereits im Garten leben, vielleicht in einem Entwicklungsstadium, das kein Wirtstier, sondern Pollen benötigt, oder aber auf einem „Schädling", der für den Menschen gar nicht so schädlich ist.

Anlocken

Manche Nützlinge werden durch blühende Pflanzen, vor allem bestimmte Wildpflanzen, angelockt (zum Beispiel durch Doldenblütler wie Pastinake oder Wilde Möhre). Ein Futterhäuschen zur Winterfütterung lockt Vögel an. Die Vögel lernen den Garten kennen und kommen unter Umständen auch im Frühjahr vorbei. Dann sollten sie allerdings nicht mehr gefüttert werden, sondern geeignete Nistkästen vorfinden. Ähnliches gilt für Tränken für Vögel, Igel und Insekten (zum Beispiel Wespen). Neben Nahrung und Nistmöglichkeiten sind Versteck- oder Ruheräume geeignet, um Nützlinge anzulocken – zum Beispiel Fledermauskästen oder mit Holzwolle gefüllte und umgedreht aufgehängte Tonblumentöpfe für Ohrwürmer.

1.4 SCHONEN UND FÖRDERN

Wenn Nützlinge dauerhaft im Garten leben und diesen als ihr Revier kontrollieren sollen, müssen sie geeignete Lebensbedingungen vorfinden, also neben dem Futter auch Unterschlupf, Vermehrungsmöglichkeiten und Überwinterungsquartiere. Das wird umso leichter sein, je größer der Garten und je kleiner die intensiv genutzte Fläche im Vergleich zur Gesamtfläche ist.

Je vielfältiger die unterschiedlichen Lebensräume sind, desto artenreicher wird auch der Nützlingsbesatz sein. Zu diesen Lebensräumen zählen neben der Blumenwiese vor allem Hecken aus heimischen Pflanzen, die möglichst vielen Tieren Nahrung und Schutz geben, aber auch Bäume, Stein-, Reisig-, Totholz- und Laubhaufen, eine Trockenmauer, ein Tümpel oder Gartenteich und möglichst viele Wildpflanzen in ungestörten Randbereichen.
Baumstümpfe, alte Zaunpfähle, Baumhöhlen und tote Baumstämme sollten nach Möglichkeiten erhalten werden. Sie sind besonders wichtig für Eulen, Baumläufer, Kleiber, Fledermäuse, Spechte, Steinkäuze, Wespen und andere Insekten.

Foto: Peter Meyer, aid

Foto: Peter Meyer, aid

Foto: Peter Meyer, aid

Um den Nützlingsbesatz im Garten zu fördern, sollten möglichst viele natürliche Lebensräume geschaffen werden, zum Beispiel Trockenmauern, Wildblumenwiesen oder Gartenteiche.

Auch selbst gebaute oder gekaufte Quartiere wie Nistkästen für Vögel oder Ruhekästen für Fledermäuse, Igelkuppeln, Futterstellen für Vögel im Winter oder umgedrehte Tontöpfe mit Holzwolle für Ohrwürmer helfen, Nützlinge im Garten anzusiedeln. Insektennisthilfen werden am besten an Südwänden und auf der Südseite von Bäumen regen- und windgeschützt angebracht. Sie sollten aus Hartholz (Eiche, Buche) bestehen und mit verschieden großen und langen Löchern, die leicht schräg nach oben verlaufen, versehen sein. Auch Konservendosen, mit Strohhalmen und Bambusröhren gefüllt, können als Insektenquartier dienen. Ebenso ist zu beachten, dass Nützlinge wie Igel, Kröten und Molche durch ungünstige Bedingungen wie dichte Gartenzäune oder umlaufende Betonsockel daran gehindert werden können, in den Garten zu kommen.

Darüber hinaus können auf dem Boden liegende Netze zur tödlichen Igelfalle werden. Vögel sind gefährdet, wenn sie durch unsauber abschließende Netzränder zwar in die eingenetzten Kulturen hinein-, aber nicht mehr hinausfinden.

Foto: Peter Meyer, aid

Foto: Peter Meyer, aid

Das Aufstellen von selbst gebauten oder gekauften Quartieren wie Vogelnistkästen oder Nisthilfen für Insekten hilft dabei, Nützlinge im Garten anzusiedeln.

ZURÜCKHALTUNG BEIM PFLANZENSCHUTZ 1.5

Auch in einem naturnahen, nützlingsreichen Garten müssen Schädlinge mitunter durch gezielte Aktionen bekämpft werden. Doch gibt es eine ganze Reihe von vorbeugenden Maßnahmen gegen potenzielle Schädlinge, beginnend mit der für Standort und Klima richtigen Kultur- und Sortenwahl. Außerdem maßgeblich sind resistente Sorten, Fruchtfolge, Saatzeit, Düngung, Bewässerung, Abdeckung mit Vlies, Gemüsenetze, Vogelschutznetze und Schneckenbleche.

Speziell bei Obstbäumen kann schon bei der Pflanzung durch eine großzügige Drahtauskleidung des Pflanzlochs einem Wühlmausfraß vorgebeugt werden. Beim Schnitt der Bäume werden Schaderreger wie Krebs, Mehltau und *Monilia* beseitigt (von Krebs und *Monilia* befallenes Holz gehört in den Mülleimer). Durch eine luftig gestaltete Baumkrone kann die Gefahr eines Schorfbefalls vermindert werden. Weitere Maßnahmen zum vorbeugenden Pflanzenschutz sind im aid-Heft „Pflanzenschutz im Garten“ ausführlich beschrieben.

Vor Bekämpfungsmaßnahmen ist auch zu überlegen, ob der Schaden wirklich so groß ist, dass man gleich mit einem Pflanzenschutzmittel eingreifen muss. Stets sollte beobachtet werden, ob der Schädling nicht erfolgreich von Gegenspielern bekämpft wird. Mitunter sind die Schädlinge auch willkommene Nahrung für Vögel. Ferner sollte man bedenken, ob nicht auf eine Pflanze oder Kultur, die erfahrungsgemäß nie so richtig wachsen und gedeihen will, verzichtet werden kann, indem man sie durch eine standortgerechtere ersetzt.

Wenn bekämpft werden muss, sollten möglichst selektiv wirkende Verfahren verwendet werden, die nützlichen Arten nicht schaden. Zu diesen selektiv wirkenden Pflanzenschutzmitteln zählen Präparate auf der Basis von Insektenkrankheitsserregern – wie Viren gegen Apfelwickler, *Bacillus thuringiensis* gegen Raupen, aber auch die gezielte Ausbringung von käuflichen Nützlingen wie *Trichogramma*-Schlupfwespen gegen Apfelwickler, Pflaumenwickler, Traubenwickler und Schadschmetterlinge an Kohl. Einzelheiten zu den genannten Präparaten und den Schlupfwespen finden sich im aid-Heft „Biologischer Pflanzenschutz“. Außerdem enthält das aid-Heft „Pflanzenschutz im Garten“ Informationen über weitere verantwortbare Pflanzenschutzmittel.

Da gerade die Auswahl der Pflanzenschutzmittel für die Schonung oder Vernichtung von Nützlingen entscheidend sein kann – Gegenspieler reagieren nämlich oft empfindlicher auf Pflanzenschutzmaßnahmen als Schädlinge – werden alle Pflanzenschutzmittel vor ihrer Zulassung auf Nebenwirkungen gegenüber bestimmten nützlichen Insekten und Milben geprüft. Die Ergebnisse sind in der Gebrauchsanweisung enthalten.
Es sollte nicht das Ziel sein, einen Schädling auszurotten, sondern seinen Bestand auf ein erträgliches Maß zu reduzieren.

1.6 ANSIEDLUNG VON NÜTZLINGEN

Manche Nützlinge können gezielt dauerhaft angesiedelt werden, zum Beispiel Blutlaus-Zehrwespen, Raubmilben, Zehrwespe der San-José-Schildlaus, Kröten u. a., letztere dürfen allerdings nicht eingesperrt werden. Grundsätzlich sollten keine faunenfremden Arten ausgesetzt werden, da sie warme Winter überleben und sich somit einbürgern könnten. Mitunter werden sie für die natürlich vorkommenden Arten zu einer gefährlichen Konkurrenz.

Ausgewählte Nützlinge im Garten
In der folgenden Darstellung von Nützlingen wurde eine Einteilung gewählt, die für den Hobbygärtner praktikabel und verständlich ist. Dadurch weicht die hier vorgenommene Einteilung der Nützlinge in einigen Punkten von der offiziellen biologischen Systematik ab. Eine korrekte taxonomische Einordnung der als Beispiele aufgeführten Nützlinge und Nützlingsgruppen findet sich in Kapitel 15.

Typische Erscheinungsbilder wichtiger Nützlingsgruppen

In der folgenden Übersicht sind die typischen Erscheinungsbilder der wichtigsten im Heft erwähnten Nützlingsgruppen dargestellt. Sie helfen dabei, den gesuchten Nützling schneller zu finden. In den Fällen, in denen die Jugendstadien äußerlich stark von den adulten Tieren abweichen, wurden nach Möglichkeit mehrere Entwicklungsstadien dargestellt. Unterhalb des Bildes ist das Kapitel angegeben, in dem die Nützlingsgruppe beschrieben wird.

Foto: Klaus Schrameyer

Insektenpathogene Pilze
Kapitel 3

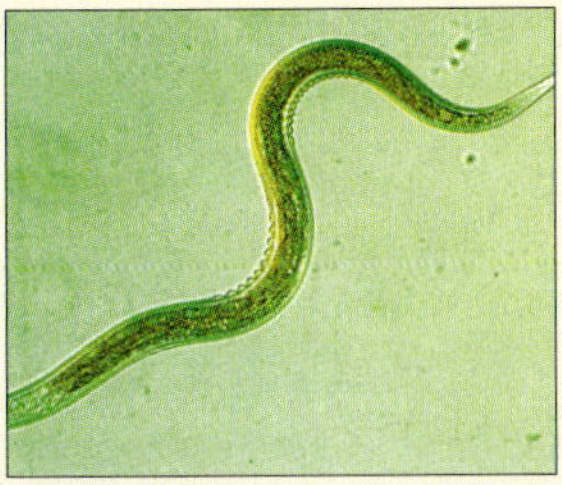

Foto: Ralf Udo Ehlers

Fadenwürmer
Kapitel 4

Foto: Klaus Schrameyer

Ringelwürmer
Kapitel 5

Foto: Klaus Schrameyer

Spinnen
Kapitel 6

Foto: Klaus Schrameyer

Weberknechte
Kapitel 7

Foto: Klaus Schrameyer

Milben
Kapitel 8

Foto: Frithjof Kohl

Hundertfüßer
Kapitel 9

Foto: Bernd Kunz

Libellen Imago
Kapitel 10.1

Foto: Peter Meyer, aid

Libellen Larve
Kapitel 10.1

2 Typische Erscheinungsbilder wichtiger Nützlingsgruppen

Foto: Frithjof Kohl

Ohrwürmer
Kapitel 10.2

Foto: Martin Hommes

Heuschrecken
Kapitel 10.3

Foto: Frithjof Kohl

Flechtlinge Imago
Kapitel 10.4

Foto: Klaus Schrameyer

Flechtlinge Nymphe
Kapitel 10.4

Foto: Klaus Schrameyer

Wanzen
Kapitel 10.5

Foto: Klaus Schrameyer

Kamelhalsfliegen Imago
Kapitel 10.6

Foto: Klaus Schrameyer

Kamelhalsfliegen Larve
Kapitel 10.6

Foto: Klaus Schrameyer

Netzflügler Imago
Kapitel 10.7

Foto: Klaus Schrameyer

Netzflügler Larve
Kapitel 10.7

Foto: Klaus Schrameyer

Laufkäfer Imago
Kapitel 10.8.1

Foto: Julius Kühn-Institut

Laufkäfer Larve
Kapitel 10.8.1

Foto: Frithjof Kohl

Kurzflügler
Kapitel 10.8.3

Typische Erscheinungsbilder wichtiger Nützlingsgruppen

Foto: Klaus Schrameyer

Weichkäfer Imago
Kapitel 10.8.5

Foto: Christoph Allgaier

Weichkäfer Larve
Kapitel 10.8.5

Foto: LTZ Augustenberg

Bienen
Kapitel 10.9.1

Foto: Peter Meyer, aid

Ameisen
Kapitel 10.9.2

Foto: Klaus Schrameyer

Wespen
Kapitel 10.9.3

Foto: Klaus Schrameyer

Erzwespen
Kapitel 10.10

Foto: Klaus Schrameyer

Brackwespen Imago
Kapitel 10.11.1

Foto: Klaus Schrameyer

Brackwespen Larve
Kapitel 10.11.1

Foto: Klaus Schrameyer

Blattlausschlupfwespen
Kapitel 10.11.2

Foto: Frithjof Kohl

Echte Schlupfwespen
Kapitel 10.11.3

Foto: Klaus Schrameyer

Räuberische Gallmücken Imago
Kapitel 10.12.1

Foto: Martin Hommes

Räuberische Gallmücken Larven
Kapitel 10.12.1

2 Typische Erscheinungsbilder wichtiger Nützlingsgruppen

Foto: Frithjof Kohl

Schnepfenfliegen
Kapitel 10.12.2

Foto: Klaus Schrameyer

Schwebfliegen Imago
Kapitel 10.12.3

Foto: Martin Hommes

Schwebfliegen Ei
Kapitel 10.12.3

Foto: Klaus Schrameyer

Schwebfliegen Larve
Kapitel 10.12.3

Foto: Klaus Schrameyer

Schwebfliegen Puppe
Kapitel 10.12.3

Foto: Frithjof Kohl

Raubfliegen
Kapitel 10.12.4

Foto: James Lindsey

Raupenfliegen
Kapitel 10.12.5

Foto: Martin Hommes

Molche
Kapitel 11.1

Foto: Martin Hommes

Kröten
Kapitel 11.2

Foto: Klaus Schrameyer

Eidechsen
Kapitel 12.1

Foto: Peter Meyer, aid

Vögel
Kapitel 13

Foto: Rometsch (LTZ Augustenberg)

Säugetiere
Kapitel 14

Pilze als Krankheitserreger von Insekten

Auch Schädlinge werden von Krankheitserregern wie Viren, Bakterien oder Pilzen befallen. Einige Krankheitserreger von Insekten werden schon seit langem im Pflanzenschutz genutzt, so zum Beispiel *Bacillus-thuringiensis*-Varietäten gegen Raupen oder Kartoffelkäferlarven und bestimmte Viren gegen Apfelwickler und Apfelschalenwickler.

Im Unterschied zu Bakterien und Viren kann man einen Pilzbefall oft unter der Lupe erkennen. Bei den insektenpathogenen Pilzen handelt es sich meist um *Beauveria*- und *Metarhizium*-Arten (zum Beispiel bei Käfern, Hautflüglern oder Schmetterlingslarven), *Verticillium lecanii* (bei Blattläusen u. a.) oder *Entomophthora*-Arten (bei Blattläusen, Fliegen, Käfern u. a.).

LEBENSWEISE

Gelangt die Fruchtform (Spore) eines insektenpathogenen Pilzes durch Wind oder direkten Kontakt auf die Körperoberfläche empfindlicher Insekten, so keimt sie – vor allem bei Feuchtigkeit – aus. Der Pilz gelangt durch die natürlichen Körperöffnungen oder mithilfe von Enzymen durch die Chitinhülle ins Innere der Insekten. Er breitet sich dort aus, tötet das Tier zum Beispiel durch Toxine ab und durchwuchert den ganzen Kadaver. Schließlich wächst der Pilz wieder von innen nach außen und bildet auf dem Insekt seine Vermehrungsorgane aus, die wiederum Sporen zur Infektion anderer Insekten abschleudern. Verpilzte Insekten können an dem weißen, gelblichen oder grünen Pilzmyzel und an den sich bildenden Sporenträgern erkannt werden.

Werden viele tote Schädlinge im Garten gefunden, ohne dass Pflanzenschutzmittel ausgebracht wurden, könnte die Ursache ein für den Schädling gefährlicher Krankheitserreger sein. Solche Funde sollten dem Institut für biologischen Pflanzenschutz des Julius Kühn-Instituts (JKI) in Darmstadt gemeldet werden:

Julius Kühn-Institut, Institut für Biologischen Pflanzenschutz
z. Hd. Frau Dr. R. Kleespies
Heinrichstr. 243
64287 Darmstadt
Telefon: 06151/407-226
E-Mail: regina.kleespies@jki.bund.de

Dort werden neue Krankheitserreger untersucht und auf Brauchbarkeit zur biologischen Schädlingsbekämpfung getestet.

BEISPIEL

Pilze

GEGEN

Blattläuse

BEDEUTUNG

Durch eine Verpilzung können Blattlaus-Massenvermehrungen – vor allem im Spätsommer und Herbst – zusammenbrechen.

SCHONUNG UND FÖRDERUNG

Verpilzte Blattläuse an Ort und Stelle belassen, auf Insektizide und Fungizide verzichten. Bei trockener Witterung Blattlauskolonien wiederholt mit Wasser einsprühen. Eventuell einige verpilzte Läuse abends in andere Blattlausherde übertragen und diese ebenfalls feucht halten.

Foto: LTZ Augustenberg

Verpilzte Exemplare der Mehligen Kohlblattlaus, befallen von einem Pilz der Gattung *Entomophthora*

BEISPIEL

Pilze

GEGEN

Fliegen

BEDEUTUNG

Verschiedene gefürchtete Gemüsefliegen, wie die Kleine Kohl-, Möhren- und Zwiebelfliege, können bei feuchter Witterung von insektenpathogenen Pilzen befallen werden. Hierbei handelt es sich meist um Pilze der Gattung *Erynia* oder *Entomophthora*. Als Fliegenschimmel wird die Art *Entomophthora muscae* bezeichnet, die insbesondere im Herbst ein Massensterben unter den Fliegen verursachen kann. Auch normale Stubenfliegen werden von diesem Pilz befallen.

SCHONUNG UND FÖRDERUNG

Verpilzte Fliegen im Garten nicht beseitigen, sondern zur weiteren Verbreitung der Pilze an Ort und Stelle belassen. Bei trockener Witterung infizierte Tiere mit Wasser einsprühen.

Foto: Klaus Schrameyer

Entomophthora-Pilz an Kohlfliege

BEISPIEL

Pilze

GEGEN

Käfer

BEDEUTUNG

Einige insektenpathogene Pilze befallen zum Beispiel Kartoffelkäfer und Dickmaulrüssler. Gegen letztere ist in der Schweiz ein Pilz-Präparat im Handel. Auch Maikäfer-Engerlinge können an einem Pilz zugrunde gehen.

SCHONUNG UND FÖRDERUNG

Bei verpilzten Schadinsekten sollte möglichst auf den Einsatz von Fungiziden verzichtet werden, um die Ausbreitung des Pilzes nicht zu behindern.

Foto: LTZ Augustenberg

Verpilzter Maikäfer

Fadenwürmer

Zur Klasse der Fadenwürmer gehören in Deutschland etwa 4.000 Arten. Viele sind für Pflanzen, Tiere oder Menschen schädlich, einige sind aber auch nützlich für den Gärtner. Im Folgenden werden beispielhaft zwei Arten vorgestellt: die erste, *Mermis subnigrescens,* weil sie besonders auffallend ist, die zweite, *Heterorhabditis bacteriophora,* weil sie in der gärtnerischen Praxis große Bedeutung hat.

BEISPIEL

Mermis subnigrescens

GEGEN

Heuschrecken

ERSCHEINUNGSBILD

Mermis subnigrescens ist ein lang gestreckter bräunlicher Fadenwurm mit stumpfem Hinterende, der eine Länge von bis zu zwölf Zentimetern erreicht. Seine Haut ist mit feinen Rillen überzogen, die an Fingerabdrücke erinnern. Die bernsteinfarbenen, kugelförmigen Eier haben einen Durchmesser von 0,05 Millimetern. Man kann sie am besten in Rinderkot finden.

LEBENSWEISE

Der Wurm überwintert im letzten Jugendstadium in circa 50 Zentimeter Tiefe im Boden. Im Juni werden die Würmer erwachsen. Starke Sommerregenfälle veranlassen die Tiere, an die Erdoberfläche zu kommen. Die Weibchen, die sich auch parthenogenetisch fortpflanzen können, legen morgens an regnerischen Sommertagen ihre Eier auf Gräsern und anderen Pflanzen ab. Diese Eier werden von Heuschrecken gefressen, die Larven durchdringen die Magenwand der Heuschrecken und wandern in die mit Hämolymphe gefüllte Körperhöhle ein. Nach ein bis 2,5 Monaten verlassen die Larven ihre Wirte durch die Intersegmentalhäute und wandern von August bis Oktober in den Boden. Die Heuschrecken sterben ab. Weidetiere scheiden die Eier unbeschadet wieder aus.

BEDEUTUNG UND BESONDERHEITEN

Mermis subnigrescens reduziert die Heuschreckenpopulationen auf Wiesen. Andere Arten befallen zum Beispiel die Engerlinge von Maikäfern.

Die ausgewachsenen Tiere winden und schlängeln sich häufig in größerer Zahl nach Regenfällen auf der Erdoberfläche. Mitunter kann man beobachten, wie sie sich aufgerichtet in der Luft hin- und herschlängeln.

SCHONUNG UND FÖRDERUNG

Zur Schonung der Tiere sollten Wiesen nach Regenfällen nicht mit schweren Geräten befahren werden. Wiesenumbrüche gefährden die Würmer.

Foto: LTZ Augustenberg

Fadenwurm in einem Engerling

Foto: LTZ Augustenberg

Mermithida-Fadenwurm aus einer Maikäferlarve

BEISPIEL

Heterorhabditis bacteriophora

GEGEN

Gefurchter Dickmaulrüssler *(Otiorhynchus sulcatus)*, Erdraupen, Wurzelbohrer, Gartenlaubkäfer *(Phyllopertha horticola)*

ERSCHEINUNGSBILD

Nematoden der Art *Heterorhabditis bacteriophora* sind 0,8 bis 1 Millimeter große drehrunde Tiere ohne erkennbare Körpergliederung mit spitz zulaufendem Vorder- und Hinterende und mit glasiger oder milchig-weißer Körperfarbe.

LEBENSWEISE

Bei *Heterorhabditis bacteriophora* ist nur das dritte Larvenstadium (Wanderlarven) in der Lage, seine Wirtstiere im Boden zu finden. Hierfür orientieren die Larven sich am Kohlendioxid-Gradienten. Sie dringen in die Leibeshöhle der Wirtstier-Larven ein und infizieren sie mit einem artspezifischen Bakterium (*Xenorhabdus* spp.), das den Wirt innerhalb von 48 Stunden abtötet. Das Bakterium vermehrt sich im Wirt und bereitet dessen Körperinhalt als Nahrung für die Nematoden auf. Je nach Nahrungsangebot können sie im Wirt mehrere Generationen durchlaufen. Sie verlassen den „verbrauchten" Wirt als Wanderlarve.

BEDEUTUNG UND BESONDERHEITEN

Der Einsatz von *Heterorhabditis bacteriophora* und einigen anderen Arten ist eine sehr wirksame Methode der biologischen Schädlingsbekämpfung. Sie werden in natürlichen Wirten (zum Beispiel in der Wachsmotte *Galleria mellonella*) oder künstlichen Nährmedien vermehrt und gegen Schadinsekten eingesetzt. Die Bekämpfung des Gefurchten Dickmaulrüsslers durch Nematoden ist in Deutschland mittlerweile fest etabliert. Auch zur Bekämpfung des Gartenlaubkäfers *Phyllopertha horticola* auf Golfplätzen werden Nematoden mit gutem Erfolg eingesetzt.
Diese Nematoden kommen in vielen Böden natürlich vor, fallen aber wegen ihrer geringen Größe nicht auf. Die Bekämpfung der Larven des Gefurchten Dickmaulrüsslers sollte stets mit der Bekämpfung der Käfer gekoppelt werden. Dies kann zum Beispiel mechanisch durch spätabendliches Absammeln oder durch die Anwendung von Pflanzenschutzmitteln erfolgen.

SCHONUNG UND FÖRDERUNG

Da diese natürlichen Gegenspieler sehr ungleich im Gartenboden verteilt und meist nur in geringer Zahl vorhanden sind, ist es zur Bekämpfung von bestimmten Schädlingen (Dickmaulrüssler, Gartenlaubkäfer, Apfelwickler) notwendig, die Nematoden von einem Nützlingsproduzenten einzukaufen und gezielt dort anzuwenden, wo die Larven vermutet werden.

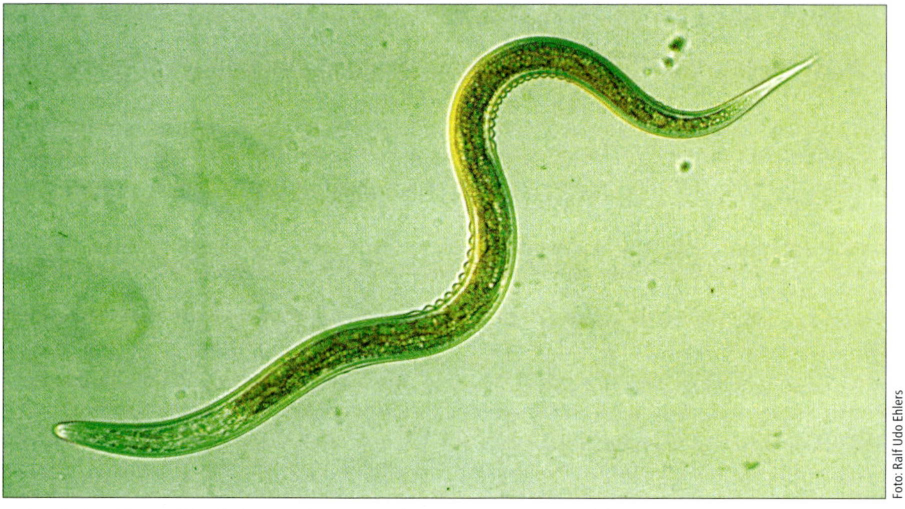

Foto: Ralf Udo Ehlers

Nahaufnahme (vergrößert) eines Fadenwurms der Gattung *Heterorhabditis*

Ringelwürmer

Zu diesem Tierstamm zählen in Deutschland über 400 Arten. Im Folgenden wird exemplarisch eine der bekanntesten und im Garten wichtigsten Arten besprochen.

BEISPIEL

Gemeiner Regenwurm *Lumbricus terrestris*

GEGEN

pilzliche Erreger wie Apfelschorf

ERSCHEINUNGSBILD

Schlanker, bis 30 Zentimeter langer, drehrunder Wurm mit vielen gleichartigen Körpersegmenten, die mit kurzen Borsten besetzt sind. Das Hinterende ist abgeplattet. Ein Kopf ist nicht abgesetzt. Erkennungsmerkmale sind ein im vorderen Bereich braunvioletter Rücken und dunklere Streifen hinten. Fühler sind nicht vorhanden. Einige Segmente tragen eine drüsige Hautverdickung, das Clitellum. Es dient der Fortpflanzung und scheidet später einen Kokon ab, in dem sich die Eier befinden.

LEBENSWEISE

Der Regenwurm lebt in bis zu zwei Meter tiefen Gängen im Boden. Er zieht Blätter in die Gänge und ernährt sich von zerfallendem Blattgewebe und von mit der Erde aufgenommenen Mikroorganismen. Er bevorzugt lehmigen Boden. Die Tiere sind zwittrig. Geschlechtsreife Würmer befruchten sich gegenseitig und legen Kokons ab, aus denen die Jungtiere schlüpfen.

BEDEUTUNG UND BESONDERHEITEN

Regenwürmer fördern die Humusbildung und die Durchlüftung, Durchmischung und Lockerung des Bodens. Sie sind natürliche Gegenspieler pilzlicher Erreger wie Apfelschorf. Die Würmer verlassen bei starken oder längeren Regenfällen die Wohnröhre, auf UV-Strahlen reagieren sie sehr empfindlich. Auf Wiesen und Beeten werden deutlich sichtbare Kothäufchen angelegt.

SCHONUNG UND FÖRDERUNG

Der Regenwurm reagiert sehr empfindlich auf die Anwendung von Kupferpräparaten. Häufiges Umgraben schädigt die Regenwürmer und verringert ihre Anzahl im Boden.

Foto: Klaus Schrameyer

Gemeiner Regenwurm

Spinnen

In Deutschland gibt es knapp 1.000 Spinnenarten, die in zahlreiche Familien gegliedert werden. Fast alle Spinnen sind Insektenfresser. Im Folgenden werden sechs wichtige Familien mit Beispielen vorgestellt.

ZITTERSPINNEN 6.1

BEISPIEL

Große Zitterspinne *Pholcus phalangioides*

GEGEN

Mücken und Fliegen

ERSCHEINUNGSBILD

Durch ihre acht langen Beine ähneln die Zitterspinnen (Pholcidae) wie die bei uns häufig vorkommende Große Zitterspinne *Pholcus phalangioides*, den Weberknechten (siehe Kapitel 7). Ihre Beine sind etwa vier Mal so lang wie der Körper, der eine Länge von knapp 0,8 bis 1,2 Zentimetern erreicht. Im Unterschied zu den Weberknechten besitzen die Zitterspinnen einen zweigeteilten Körper. Der Hinterleib ist deutlich länger als der Vorderleib und walzenförmig. Zitterspinnen haben paarige Mundwerkzeuge. Das erste Paar wird „Cheliceren“, das zweite „Taster“ genannt. Die Cheliceren sind mit einer Giftklaue ausgestattet. Am Körperende befinden sich sechs kurze Spinnwarzen. Aus diesen werden Spinnfäden für den Netzbau, das Einspinnen der Beute, den Sicherheitsfaden und den Kokon für die Eiablage gepresst.

LEBENSWEISE

Pholcus phalangioides lebt in Deutschland ausschließlich in Häusern. Ihr Netz ist mit einem klebrigen Sekret überzogen. Im Netz gefangene Insekten werden mit den Hinterbeinen gefasst, eingesponnen und mit einem Biss der Cheliceren gelähmt. Wie alle Spinnen verdauen Zitterspinnen die Beute außerhalb des Körpers. Hierzu geben sie ein Verdauungssekret auf das zerdrückte Beutetier und nehmen dann mit der Mundöffnung den verdauten Nahrungsbrei auf. Zitterspinnen sind getrenntgeschlechtlich.

BEDEUTUNG UND BESONDERHEITEN

Die Nützlichkeit der Zitterspinnen wird völlig unterschätzt, weshalb viele sie mittels Staubtuch und Kehrbesen entfernen. Sie vertilgen in Haus und Keller in beachtlicher Zahl Stechmücken, Fliegen und andere lästige Insekten.

Bei Gefahr versetzt die Zitterspinne ihren Körper und das locker gewebte Netz in schnelle Schwingungen, die sie für das menschliche Auge fast unsichtbar werden lassen. Die Zitterspinne *Pholcus phalangioides* kann nur in Häusern überleben, die Tiere in den Garten auszusetzen, bringt sie um.

SCHONUNG UND FÖRDERUNG

Kein Einsatz von Mopp und Kehrbesen gegen Zitterspinnen. Vermeidung breitwirksamer Insektizide und Akarizide in Keller, Toilette und Bad.

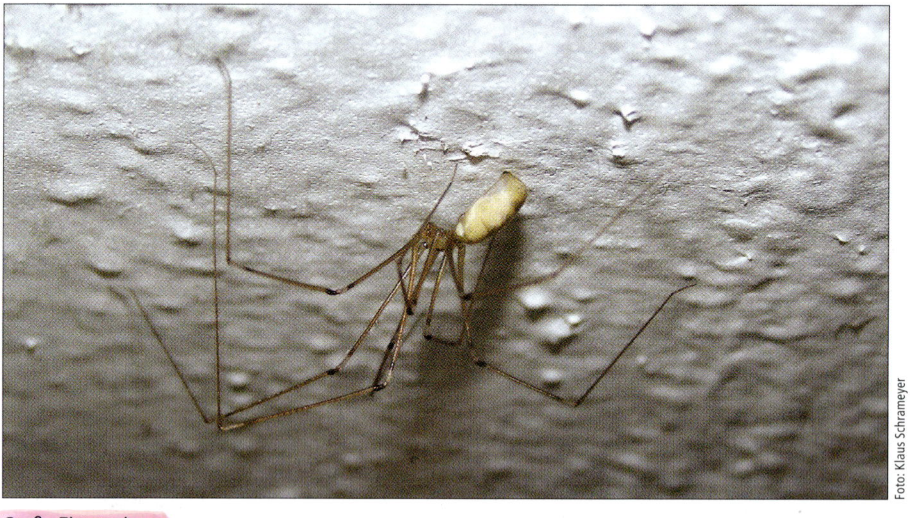

Foto: Klaus Schrameyer

Große Zitterspinne

BALDACHINSPINNEN

BEISPIEL

Neriene (Linyphia) montana

GEGEN

kleine Insekten

ERSCHEINUNGSBILD

Die Baldachinspinnen haben häufig eine dunkle Grundfarbe und längere, stärker bestachelte Beine. Ihr Netz ist deutlich anders gestaltet als bei sonstigen Spinnenfamilien. Sie weben eine horizontale Netzdecke (den „Baldachin"), über die grobmaschige Stolperfäden gespannt sind. Die Weibchen von *Neriene montana* erreichen eine Größe von sechs Millimetern, die Männchen von vier Millimetern. Der Vorderkörper ist dunkelbraun mit dunklerem Rand und Mittellinie. Der Hinterleib trägt eine blattartige Zeichnung mit tiefen, schmalen Zacken, umgeben von helleren Flächen – vorne mit je einer seitlichen schwarzen Linie. Die Beine sind gelbbraun mit vielen dunklen Ringen.

LEBENSWEISE

Ihre festen Netze legen die Baldachinspinnen in Holzstapeln, Büschen u. Ä. an. Anfliegende Insekten verfangen sich in den Fäden des Baldachins und fallen auf das horizontale Netz. Die kopfüber im Netz hängende Spinne zieht die Beute durch das Netz und tötet sie.

BEDEUTUNG UND BESONDERHEITEN

Baldachinspinnen fangen im Garten kleine Insekten und gehören zum Räubernetz, das heißt sie können eine Massenvermehrung von Schädlingen zwar nicht alleine unterdrücken, verhindern in einem naturnahen Garten aber zusammen mit vielen anderen Räubern frühzeitig die Entstehung einer solchen Massenvermehrung. Auf Wiesen kann man morgens viele hundert durch den Tau sichtbar gewordene Netze der Baldachinspinnen finden.

SCHONUNG UND FÖRDERUNG

Foto: Frithjof Kohl

Keine Anwendung breitwirksamer Insektizide und Akarizide im Haus- und Kleingarten.

Baldachinspinnen weben horizontale Netze.

6.3 RADNETZSPINNEN

BEISPIEL

Gartenkreuzspinne *Araneus diadematus*

GEGEN

Mücken, Fliegen, Zikaden u.a.

ERSCHEINUNGSBILD

Die elf bis 18 Millimeter großen Weibchen von *Araneus diadematus* sind fast jedem Gartenbesitzer bekannt. Die Gartenkreuzspinne, die zur Familie der Echten Radnetzspinnen gehört, sitzt deutlich sichtbar im Spätsommer und Herbst kopfüber in ihren Radnetzen (Durchmesser bis zu 40 Zentimeter). Die fünf bis neun Millimeter großen Männchen mit ihren großen Tastern sieht man dagegen selten. Die Farbe der Gartenkreuzspinne variiert von schwarzbraun über rötlich bis strohgelb. Die farbliche Ausprägung des Kreuzes im vorderen Teil des Hinterleibs kann sehr unterschiedlich sein. Bei heller gefärbten Tieren tritt sie als weiße Ausfärbung meistens deutlich zutage.

LEBENSWEISE

Zum Fangen fliegender Insekten baut die Gartenkreuzspinne Radnetze. Die Radnetze sind mit Klebetröpfchen versehen. Die Beute wird häufig mit einem Biss gelähmt, eingesponnen und als Vorrat gelagert. Die Weibchen legen Eier in sehr große Kokons, die sie geschützt in Ritzen etc. ablegen. Die Eier überwintern, im Frühjahr schlüpfen die Jungen, überwintern noch einmal und werden im nächsten Herbst adult.

BEDEUTUNG UND BESONDERHEITEN

Im Netz der Gartenkreuzspinne verfangen sich zum Beispiel Fruchtfliegen, Stechmücken und Zikaden wie die Rosenzikade.
Die Gartenkreuzspinne „recycelt" ältere Radnetze. Dabei nimmt sie auch Pollen und kleine Insekten auf, die an den Klebetropfen der Netze hängen geblieben sind. Große Radnetze fallen morgens durch im Netz glitzernde Tautropfen auf.

SCHONUNG UND FÖRDERUNG

Foto: Klaus Schrameyer

Keine Anwendung breitwirksamer Insektizide und Akarizide im Haus- und Kleingarten. Radnetze nicht zerstören.

Kreuzspinne in einem Radnetz

6.4 WOLFSSPINNEN

BEISPIEL

Trochosa ruricola

GEGEN

Insekten wie Springschwänze, Schrecken usw.

ERSCHEINUNGSBILD

Die Wolfsspinne *Trochosa ruricola* fällt durch ihre grau- bis braunschwarze Färbung und den kompakten Körperbau nur dem aufmerksamen Beobachter auf. Die Männchen sind acht Millimeter groß, die bis zu zwölf Millimeter großen Weibchen lauern meist in selbst gegrabenen Erdhöhlen unter Steinen auf Beute. Beide Geschlechter sind in der Grundfarbe braun. In dem breiten hellen Mittelband des Vorderkörpers befinden sich zwei dunkle Längsflecken. Auf dem Hinterleib ist vorne ein gelber V-förmiger Fleck vorhanden.

LEBENSWEISE

Wolfsspinnen (Lycosidae) mit ihren kräftigen Beinen kann man häufig auf sonnigen Flecken am Erdboden laufen sehen. Sie sind tagaktiv, mit Ausnahme der vier in Mitteleuropa lebenden *Trochosa*-Arten. Bei diesen kann man nur im Frühjahr die Männchen bei der Partnersuche tagsüber laufen sehen, sonst sind beide Geschlechter nachtaktiv. *Trochosa ruricola* ist hauptsächlich an feuchten Plätzen zu finden.

BEDEUTUNG UND BESONDERHEITEN

Wolfsspinnen regulieren die Anzahl der bodenbewohnenden Insekten.
Die Weibchen aller Wolfsspinnenarten tragen den Kokon mit bis zu 400 Eiern an die Spinnwarzen geheftet herum. Die jungen Spinnen sitzen noch längere Zeit nach dem Schlüpfen auf dem Weibchen.

SCHONUNG UND FÖRDERUNG

Foto: Frithjof Kohl

Keine Anwendung breitwirksamer Insektizide und Akarizide im Haus- und Kleingarten. Vegetationsfreie Flächen unter Bäumen und Kleingewässer mit flachem Ufersaum anlegen.

Wolfsspinne

RAUBSPINNEN

6.5

BEISPIEL

Listspinne *Pisaura mirabilis*

GEGEN

verschiedene Insekten

ERSCHEINUNGSBILD

Die Weibchen der Listspinne *Pisaura mirabilis* sind zwölf bis 15 Millimeter, die Männchen zehn bis zwölf Millimeter groß. Es gibt graue und braune Exemplare. Der Vorderkörper weist ein dunkles Band auf, das von einer weißen oder gelben Linie in zwei Teile geteilt ist. Der Hinterleib ist seitlich heller und weist auf dem Rücken eine sehr variable dunklere Färbung auf.

LEBENSWEISE

Die Raubspinnen (Pisauridae) sind eng mit den Wolfsspinnen (Lycosidae) verwandt. Ihr Jagdverhalten ist ähnlich. Sie leben auf feuchten Wiesen in der Gras- und Krautschicht und jagen Insekten. Der weiße, runde Kokon mit bis zu 1.000 Eiern wird von den Weibchen lange Zeit mithilfe der Cheliceren herumgetragen. Erst kurz vor dem Schlupf der Jungen webt das Weibchen ein kuppelförmiges Gespinst und hängt dort den Kokon hinein. Später bewacht es die Jungspinnen.

BEDEUTUNG UND BESONDERHEITEN

Listspinnen vertilgen Insekten in der Gras- und Krautschicht.
Das Männchen überreicht dem Weibchen vor der Begattung ein „Hochzeitsgeschenk" in Form eines erbeuteten Insektes. Eine verwandte Raubspinnenart – *Dolomedes fimbriatus* – lebt an Teichen und langsam fließenden Gewässern und kann sich auf dem Wasser fortbewegen. Diese Spinne ist sogar in der Lage, kleine Fische und Kaulquappen aus dem Wasser zu ziehen.

SCHONUNG UND FÖRDERUNG

Foto: Frithjof Kohl

Keine Anwendung breitwirksamer Insektizide und Akarizide in feuchten Teilen des Haus- und Kleingartens. Durch die starke Ausdehnung der Städte und Gemeinden sind viele Lebensräume der Raubspinne wie Feuchtwiesen, Niedermoore, Waldränder mit vorgelagertem Buschsaum und feuchte Hecken verschwunden.

Listspinne

SPRINGSPINNEN

6.6

BEISPIEL

Marpissa muscosa* und *Salticus cingulatus

GEGEN

Mücken, Fliegen und andere Insekten

ERSCHEINUNGSBILD

Springspinnen haben kurze, kräftige Beine. Ihr Körper ist häufig dunkelbraun, dunkelgrau oder schwarz gefärbt. Er kann bei den Männchen farbig abgesetzt sein. Auffälligstes Merkmal sind die drei Augenreihen mit den großen Mittelaugen in der vorderen Reihe. Beide Arten sind für Springspinnen relativ groß. *Salticus cingulatus* erreicht eine Körperlänge von etwa sechs Millimetern. *Marpissa muscosa* wird circa acht Millimeter lang.

LEBENSWEISE

Marpissa muscosa lebt auf Bäumen und Zäunen, *Salticus cingulatus* ist dagegen überall im Garten zu finden. Die Springspinnen fallen auf, wenn sie an Hauswänden oder Gartenmöbeln laufen. Sie spinnen in der Regel keine Fangnetze, sondern schleichen sich an die Beute heran, dabei sichern sie sich stets mit einem Faden. Dann springen sie auf die Beute und lähmen diese mit einem Biss ihrer Cheliceren. Die Weibchen betreiben intensive Brutfürsorge, indem sie die Jungen bis zur zweiten Häutung in speziellen Ei-Nestkammern bewachen. Alle Springspinnen sind tagaktive und wärmeliebende Räuber.

BEDEUTUNG UND BESONDERHEITEN

Springspinnen fangen im Garten lästige Mücken und Fliegen, die zum Teil deutlich größer sind als sie selbst.
Beachtlich ist das Sprungvermögen, das für den Beutefang, die schnelle Fortbewegung und die Flucht genutzt wird. Springspinnen können sehr gut sehen. Sie können den Augenhintergrund der großen Mittelaugen bewegen, so dass eine gute Rundumsicht gegeben ist. Hiermit fixieren sie auch die Beute.

SCHONUNG UND FÖRDERUNG

Keine Anwendung breitwirksamer Insektizide und Akarizide im Garten. Spinnen nicht töten.

Springspinne *Salticus cingulatus* mit Fruchtfliege als Beute

Weberknechte

Die Weberknechte (Opiliones) gehören nicht, wie häufig angenommen, zu den Spinnen. Sie stellen wie die Spinnen und Milben eine eigene Ordnung innerhalb der Klasse der Spinnentiere (Arachnida) dar, die in Deutschland mit etwa 40 Arten vertreten ist. Weberknechte leben von totem pflanzlichen Material und toten Insekten. Sie fangen aber auch kleine Insekten.

GEGEN

verschiedene kleine Insekten

ERSCHEINUNGSBILD

Auffallendstes Merkmal der Weberknechte sind die Beine, die bis zu sieben Mal so lang sind wie der Körper. Dieser kann bis zu 22 Millimeter lang werden. Die vielgliedrigen Füße lassen sich um Stängel winden und helfen beim Klettern und Festhalten auf Pflanzen. Kopf und Brust sind ungegliedert und mit dem gegliederten Hinterleib verschmolzen. Am Ende des ersten Viertels auf dem Rücken befindet sich ein Augenhügel mit zwei Augen. Die Pedipalpen sind wie Laufbeine ausgebildet und dienen als Taster zur Suche und Beurteilung der Nahrung. Vor ihnen am Kopf befinden sich paarige Kieferklauen, mit denen die Weberknechte die Nahrung fassen und halten.

LEBENSWEISE

Junge Weberknechte leben vorzugsweise am Boden und in der Streu. Ältere Tiere bewegen sich in der Vegetation, besteigen Hauswände und Baumstämme. Die meisten Arten sind nachtaktiv. Weibchen legen nach der Begattung Eier in den Boden. Die Jungtiere schlüpfen aus den Eiern und entwickeln sich über mehrere Stadien zu erwachsenen Tieren. Sie jagen kleine Insekten, fressen an toten Tieren und Vogelkot sowie verpilzten und modernden pflanzlichen Materialien.

BEDEUTUNG UND BESONDERHEITEN

Weberknechte sind Gegenspieler von zahlreichen Schadinsekten. Als Aasfresser und durch die Zersetzung von Streu sind sie eine Art „Gesundheitspolizei". Weberknechte wurden auch schon beim Fressen an Marmelade beobachtet.

SCHONUNG UND FÖRDERUNG

Vermeidung breitwirksamer Insektizide und Akarizide im Haus- und Kleingarten.

Foto: Klaus Schrameyer

Weberknecht

Milben

Milben sind wie Spinnen und Weberknechte eine weitere Ordnung in der Klasse der Spinnentiere. Sie sind von geringer Größe (0,1 bis 4 mm) und haben einen einteiligen Körper, d. h. Vorder- und Hinterleib sind verschmolzen. Der vordere Körperabschnitt mit den Mundwerkzeugen ist vom restlichen Körper mit den vier Paar Laufbeinen abgeteilt.

Es gibt circa 3.000 Milbenarten in Deutschland, wovon einige räuberisch leben. Zwei räuberische Arten werden im Folgenden exemplarisch beschrieben. Die eine, *Typhlodromus pyri*, wegen ihrer besonderen Bedeutung als Nützling im Obstbau, die andere, *Trombidium holosericeum*, weil sie sehr auffallend ist.

BEISPIEL

Raubmilbe *Typhlodromus pyri*

GEGEN

Obstbaumspinnmilbe *(Panonychus ulmi)* und andere

ERSCHEINUNGSBILD

Typhlodromus pyri ist nur 0,4 Millimeter lang und keilförmig. Sie ist gelblich und nach der Erbeutung einer Spinnmilbe rötlich gefärbt.

LEBENSWEISE

Typhlodromus pyri lebt auf Obstbäumen und anderen Rosengewächsen. Sie jagt die Obstbaumspinnmilbe *Panonychus ulmi* und die Gemeine Spinnmilbe *Tetranychus urticae*. Sie kann sich auch von anderen kleinen Beutetieren und von Pollen ernähren. Milben sind in der Regel getrenntgeschlechtlich. Die Weibchen legen Eier.

BEDEUTUNG UND BESONDERHEITEN

Zusammen mit anderen Raubmilben wie *Amblyseius andersoni* und *Amblyseius finlandicus* ist *Typhlodromus pyri* einer der wichtigsten Gegenspieler der gefährlichen Obstbaumspinnmilbe.

Typhlodromus pyri ist gegen einige im Obstbau angewandte Pflanzenschutzmittel resistent. Im Rahmen des „Integrierten Pflanzenschutzes“ kann sie als Schutzräuber einer Massenvermehrung von Spinnmilben vorbeugen.

SCHONUNG UND FÖRDERUNG

Es sollten nützlingsverträgliche Pflanzenschutzmittel eingesetzt werden. Aus Streuobstbeständen und gut besetzten Obstanlagen kann die Raubmilbe auf Zweige in Junganlagen übertragen werden.

Raubmilbe *Typhlodromus pyri*

BEISPIEL

Samtmilbe *Trombidium holosericeum*

GEGEN

Junge Wicklerraupen, Spinnmilben, Blattläuse, Blattkäfer, Blutläuse, Eier von Schadinsekten wie Thripsen

ERSCHEINUNGSBILD

Im Frühjahr fallen die 2,5 bis drei Millimeter großen und dicht behaarten, scharlachrot gefärbten Weibchen der Samtmilbe *Trombidium holosericeum* auf. Die Weibchen treffen sich in größerer Zahl auf besonnten Flächen. Die Augen sind gestielt und die Körperhaare gefiedert.

LEBENSWEISE

Die Samtmilbe ist ein Landtier, das hauptsächlich auf und im Boden lebt. Die Larven von *Trombidium holosericeum* leben parasitisch auf Insekten, während sich die Nymphen und die ausgewachsenen Tiere räuberisch ernähren. Die Tiere saugen die Eier von Spinnmilben sowie von Thripsen und anderen Insekten aus. Die Weibchen legen nach der Überwinterung Eier im Boden ab. Anschließend laufen sie bei der Nahrungssuche geschäftig auf Kräutern, Gräsern und Bäumen herum.

BEDEUTUNG UND BESONDERHEITEN

Samtmilben sind wichtig zur Bekämpfung von Insekten, insbesondere von Wicklern, und von Spinnmilben im Obstbau.
Auffällig sind die scharlachrote Färbung des Körpers und die samtene Oberfläche. Zur selben Familie gehört auch die bei vielen Gartenbesitzern wenig beliebte Herbstgrasmilbe *Trombicula autumnalis*, deren Larven besonders in feuchten Gärten auch Menschen befallen. Auch diese Tiere sind aber durchaus nützlich, da sie unter anderem die Eigelege von Stechmücken aussaugen.

SCHONUNG UND FÖRDERUNG

Keine Anwendung breitwirksamer Akarizide und Insektizide im Haus- und Kleingarten sowie in Obstanlagen. Die Samtmilben nicht zerdrücken.

Foto: Frithjof Kohl

Samtmilbe

Hundertfüßer

STEINLÄUFER

BEISPIEL

Lithobius forficatus

GEGEN

Würmer, Asseln, Insekten (Blattläuse, Springschwänze usw.)

ERSCHEINUNGSBILD

Obwohl Hundertfüßer bis zu acht Zentimeter lang werden können, erreichen die häufig vorkommenden Steinläufer meist nur eine Länge von bis zu 3,5 Zentimetern. Hundertfüßer sind lang gestreckt und abgeflacht mit 15 (beim Steinläufer) bis 109 Segmenten. Jedes Rumpfsegment trägt ein paar Laufbeine. Das erste Paar ist zu einem Zangenorgan (Kieferfüße) umgewandelt, an dessen Spitze jeweils eine Giftdrüse mündet. Das letzte Beinpaar ist stark verlängert. Hundertfüßer haben nur ein Antennenpaar und atmen wie die Insekten mit Tracheen. Jungtiere der Steinläufer schlüpfen mit sieben Segmenten. Die Färbung der Steinläufer ist meistens ein helles, teils auch dunkles Beigebraun.

LEBENSWEISE

Hundertfüßer leben räuberisch und ernähren sich von Springschwänzen, Blattläusen, Asseln und Zweiflüglern. Wenige Arten nutzen zusätzlich pflanzliche Nahrung. Sie töten ihre Beute mit dem Gift der Kieferfüße und geben anschließend Verdauungssekret in die Wunden. Genau wie die Spinnentiere saugen sie dann das verdaute Körperinnere aus dem Beutetier. Ihre Körperform ermöglicht ihnen ein Leben unter Steinen, in Spalten und Ritzen, in verrottenden Baumstümpfen, in der Laubstreu und unter loser Rinde. Hier lauern sie auf Beute, jagen aber meistens aktiv am Boden und in der Laubstreu. Menschliche Haut können sie mit ihren Kieferfüßen nicht durchdringen.

9 Hundertfüßer

BEDEUTUNG UND BESONDERHEITEN

Hundertfüßer sind wichtige Mitglieder des Räubernetzes, das heißt sie können eine Massenvermehrung von Schädlingen zwar nicht alleine unterdrücken, verhindern in einem naturnahen Garten aber zusammen mit vielen anderen Räubern frühzeitig die Entstehung einer solchen Massenvermehrung.
Nach Erreichen der Geschlechtsreife können sich die Hundertfüßer noch mehrfach häuten.

SCHONUNG UND FÖRDERUNG

Geeignete Verstecke und Unterschlupfe wie flach aufliegende Steine, Totholz usw. fördern die Steinläufer.

Foto: Klaus Schrameyer

Steinläufer *Lithobius forficatus*

Insekten

Die Klasse der Insekten ist in Deutschland mit circa 29.000 Arten vertreten. In diesem Kapitel werden einige wichtige Vertreter aus zehn verschiedenen Ordnungen dargestellt, die als Nützlinge im Garten besondere Bedeutung haben.

LIBELLEN

10.1

Die Ordnung der Libellen umfasst in Deutschland etwa 80 Arten. Sie leben alle räuberisch.

BEISPIEL

Blaugrüne Mosaikjungfer *Aeshna cyanea*

GEGEN

Kleininsekten, Larven von Eintagsfliegen, Stechmücken, Wasserflöhe

ERSCHEINUNGSBILD

Aeshna cyanea hat eine Körperlänge von 6,5 bis acht Zentimetern und besitzt eine Flügelspannweite von 9,5 bis elf Zentimetern. Der Körper ist schwarz-grün gescheckt, wobei das Abdomen der Männchen im hinteren Teil anstelle der grünen blaue Flecken aufweist.

LEBENSWEISE

Die Blaugrüne Mosaikjungfer erscheint ab Anfang Juni und fliegt bis in den Oktober hinein. Die Weibchen legen ihre Eier bevorzugt in abgestorbenes Pflanzenmaterial oder in Moos nahe am Ufer. Die Larven schlüpfen erst im Frühjahr. Die erwachsenen Libellen ernähren sich von Insekten aller Art, die sie im Flug erbeuten. Die Libellenlarven im Teich ernähren sich von Wasserflöhen, Larven von Eintagsfliegen und Stechmücken sowie weiteren kleinen Teichlebewesen bis zu einer Größe von circa 35 Millimetern.

BEDEUTUNG UND BESONDERHEITEN

Alle Libellen leben räuberisch und sind daher äußerst nützlich. Die Blaugrüne Mosaikjungfer ist in Deutschland sehr häufig im Garten und in der Natur anzutreffen. Sie ist die hierzulande größte Libellenart und trägt durch ihre Ernährungsweise zur Stabilisierung des biologischen Gleichgewichtes im Garten bei.

Libellen erscheinen einigen Menschen immer noch als Bedrohung. In alten Bezeichnungen wie „Augenstecher“ oder „Teufelsnadel“ kommt die Angst vor ihnen noch zum Ausdruck, obwohl Libellen gar nicht stechen können und völlig harmlos sind.

SCHONUNG UND FÖRDERUNG

Typische Aufenthaltsbereiche der Libellen wie bewachsene Ufer, Sträucher und Hecken nicht mit breitwirksamen Insektiziden behandeln. Naturnahe Gartenteiche ohne größeren Fischbesatz anlegen, das Wasser dieser Teiche möglichst nicht komplett austauschen.

Foto: Bernd Kunz

Blaugrüne Mosaikjungfer

OHRWÜRMER

In Europa kommen nur acht Arten aus der Ordnung der Ohrwürmer vor. Sie alle leben räuberisch, fressen aber auch pflanzliches Material. Die im Folgenden beschriebene Art ist in fast jedem Garten zu finden.

BEISPIEL

Gemeiner Ohrwurm *Forficula auricularia*

GEGEN

Blattläuse und andere kleine Schadinsekten

ERSCHEINUNGSBILD

Forficula auricularia wird elf bis 17 Millimeter lang, seine Fühler haben 15 Glieder. Die auffallenden Zangen am Hinterleib dienen dem Angriff und der Verteidigung, aber auch als Hilfe beim Fressen, bei der Paarung, beim Aushöhlen der Brutkammer und beim Entfalten der Hinterflügel. Er fliegt allerdings nur selten.

LEBENSWEISE

Die Weibchen legen im Frühjahr oder Herbst weiße Eier in kleinen Häufchen von 50 bis 80 Stück in eine selbst gegrabene Erdhöhle. Der Gemeine Ohrwurm lebt gesellig und ernährt sich überwiegend räuberisch von Blattläusen oder anderen kleinen Schadinsekten, aber auch von pflanzlichem Material. Vor allem bei Mangel an Blattläusen und Blattsaugern oder bei trockener Witterung ist er auch an Obst, Gemüse und Blüten von Zierpflanzen zu finden. Darüber hinaus ernährt sich der Gemeine Ohrwurm auch von Mehltaupilzen.

BEDEUTUNG UND BESONDERHEITEN

Der Gemeine Ohrwurm ist ein Kulturfolger und für Menschen ungefährlich. Ohrwürmer betreiben über viele Wochen eine intensive – bei Insekten nahezu einmalige – Brutpflege. Ohrwürmer sind lichtscheu und verstecken sich daher meist am Boden oder an Pflanzen, gerne auch in Ritzen von Pfählen und Baumstämmen. Die Herkunft des deutschen Namens „Ohrwurm“ ist unklar.

SCHONUNG UND FÖRDERUNG

Keine breitwirksamen Pflanzenschutzmittel verwenden. Umgedrehte Tontöpfe (mindestens zwölf Zentimeter Durchmesser) mit Holzwolle in blattlausbefallene Obstbäume hängen (Astkontakt ist wichtig). Die Tiere überwintern im Boden oder in Verstecken, nur selten in den Tontöpfen, deshalb diese erst im zeitigen Frühjahr frisch gefüllt wieder aufhängen. Unter den Bäumen den Boden bis zum Frühjahr nicht bearbeiten.

Foto: Frithjof Kohl

Ohrwurm

Foto: Peter Meyer, aid

Umgedrehte, mit Holzwolle oder Stroh gefüllte Tontöpfe fördern die Ansiedlung von Ohrwürmern. In Kirschbäumen sollten die Töpfe allerdings nicht hängen, da die Ohrwürmer auch an Kirschen fressen.

HEUSCHRECKEN

Wenn von Heuschrecken die Rede ist, denken die meisten Leute leider nicht an Nützlinge, sondern eher an die riesigen Wanderheuschreckenschwärme, die in Afrika immer wieder ganze Landstriche verwüsten. Bei uns sind diese Arten jedoch nicht heimisch.

Nützlinge gibt es in der Heuschreckenordnung der Langfühlerschrecken, die in Deutschland etwa 35 Arten umfasst. Unter den Langfühlerschrecken gibt es viele Räuber, aber auch Pflanzen- und Allesfresser. Als auffälligste Art der Langfühlerschrecken wird im Folgenden das Grüne Heupferd beschrieben.

BEISPIEL

Grünes Heupferd *Tettigonia viridissima*

GEGEN

schädliche Raupen, Kartoffelkäferlarven

ERSCHEINUNGSBILD

Die adulten Tiere des Grünen Heupferds erreichen eine Körperlänge von bis zu 42 Millimetern. Sie sind vorwiegend grün gefärbt und besitzten am Rücken eine längliche hellbraune Zeichnung. Nur vereinzelt werden auch einfarbig gelbe Exemplare beobachtet. Das Weibchen legt die Eier mit einem säbelförmigen Legerohr ab, das bis an die Spitze der Flügel reicht, wenn sich diese in Ruhestellung befinden. Ein charakteristisches Merkmal von Heuschrecken sind die zu kräftigen Sprungbeinen umgebildeten Hinterbeine, mit denen sie einige Meter weit springen können.

LEBENSWEISE

Die ersten erwachsenen Grünen Heupferde treten etwa ab Mitte Juli auf und können bis in den November hinein aktiv sein. *Tettigonia viridissima* ist sehr anpassungsfähig und kommt daher in vielen Lebensräumen wie Getreideäckern, Gärten oder an Wegrändern vor. Ein Weibchen legt bis zu 300 Eier in feuchten Boden. Erst im Frühjahr schlüpfen die Larven und entwickeln sich über sieben Larvenstadien zur erwachsenen Heuschrecke. Larven wie Adulte ernähren sich in erster Linie von Insekten, darunter schädliche Raupen und Larven des Kartoffelkäfers.

BEDEUTUNG UND BESONDERHEITEN

Das Grüne Heupferd lebt überwiegend räuberisch von Insekten. Es frisst täglich bis zum Dreifachen seines Körpergewichts. Leider kommt es nicht häufig vor.

SCHONUNG UND FÖRDERUNG

Anwendung breitwirksamer Insektizide vermeiden.

Foto: Klaus Schramеyer

Grünes Heupferd *Tettigonia viridissima*

STAUBLÄUSE / FLECHTLINGE

10.4

Die Ordnung der Staubläuse (Psocoptera) – auch Flechtlinge genannt – umfasst in Deutschland etwa 100 Arten.

GEGEN

Pilze, Algen, Flechten

ERSCHEINUNGSBILD

Die winzigen Tiere erreichen eine Körpergröße von einem bis sechs Millimetern, wobei die Weibchen in der Regel größer sind als die Männchen. Flechtlinge besitzen einen großen Kopf mit meist langen Fühlern und großen Augen. Der Thorax ist ebenfalls relativ groß. Nur manche Arten besitzen Flügel.

LEBENSWEISE

Flechtlinge leben meist versteckt unter der Stammrinde von Bäumen, unter Steinen, in der Laubstreu und in Nestern verschiedener Tiere. Sie ernähren sich in erster Linie von Mikroorganismen wie Algen, Flechten oder Pilzen und von organischen Resten. Viele Arten können sich ungeschlechtlich vermehren. Gewöhnlich verläuft die Entwicklung zum erwachsenen Insekt über sechs Larvenstadien.

BEDEUTUNG UND BESONDERHEITEN

Die auch als Rinden- oder Bücherläuse bezeichneten Flechtlinge kommen in jedem Garten vor und sind für den Gärtner durch das Abweiden von Pilzrasen sehr nützlich. In Wohnungen können Flechtlinge unter anderem an Tapeten, Büchern, Herbarien oder Insektensammlungen schädlich werden. Da sie sich unter anderem von Schimmelpilzen ernähren, gelten sie auch als Anzeiger für Schimmelbefall.

SCHONUNG UND FÖRDERUNG

Flechtlinge brauchen ungestörte Bereiche im Garten. Bei lang anhaltender Trockenheit sollten diese feucht gehalten werden.

Geflügelter Flechtling

WANZEN 10.5

Zur Insektenordnung der Wanzen (Heteroptera) zählen in Deutschland ungefähr 860 Arten. Zahlreiche räuberisch lebende Vertreter kommen in Gärten vor, sind aber nicht leicht zu entdecken. Sie sind flugfähig, reagieren auf Störungen sehr empfindlich und verstecken sich umgehend. Auffällig ist der Stechrüssel, der in Ruhe unter dem Bauch getragen wird. Von den über 30 Wanzenfamilien werden im Folgenden die Rückenschwimmer, Blumenwanzen, Sichelwanzen und Weichwanzen behandelt.

RÜCKENSCHWIMMER 10.5.1

BEISPIEL

Gemeiner Rückenschwimmer *Notonecta glauca*

GEGEN

Insekten

ERSCHEINUNGSBILD

Das bauchseitig dunkle, auf dem Rückenschild bläulich gefärbte Insekt hat hellbräunliche, in Ruhe zusammengelegte Flügeldecken und ist 15 bis 16 Millimeter lang.

LEBENSWEISE

Notonecta glauca ist mit den kräftigen Ruderbeinen ein sehr beweglicher Schwimmer, kann aber auch gut fliegen. Er überwintert im Gewässer, das Weibchen legt ab April etwa 200 Eier an Wasserpflanzen ab. Nach fünf Larvenstadien sind die erwachsenen Wanzen unterhalb der Wasseroberfläche zu beobachten. Sie nehmen Atemluft auf und speichern sie in Bauchrinnen, die mit feinen silbrigen Haaren bedeckt sind. Mit den großen Augen, die fast die gesamte Kopfseite einnehmen, können sie sowohl die unteren als auch die oberen Gewässerregionen nach Beute oder Feinden absuchen.

BEDEUTUNG UND BESONDERHEITEN

Der Gemeine Rückenschwimmer frisst viele Insekten und Spinnen, die ins Wasser fallen, sowie verschiedene Wasserinsekten. Er gehört zum Räubernetz im Umfeld des Gartenteichs. Er erbeutet auch Jungfische und Junglarven von Lurchen.

Der Stich dieser Wanze wie auch ihrer verwandten Arten ist etwa so schmerzhaft wie der Stich einer Biene. Im Volksmund wird der Gemeine Rückenschwimmer daher auch „Wasserbiene" genannt.

SCHONUNG UND FÖRDERUNG

Um eine Überwinterung zu ermöglichen, sollten Gartenteiche mindestens 80 Zentimeter tief sein. Flachwasserzonen und eine reichhaltige Bepflanzung fördern Beutetiere und verbessern den Lebensraum.

Foto: Klaus Schrameyer

Der Gemeine Rückenschwimmer macht seinem Namen Ehre – er schwimmt auf dem Rücken.

BLUMENWANZEN

10.5.2

BEISPIEL

Anthocoris nemorum

GEGEN

Läuse, Wanzen, Raupen, Thripse, Spinnmilben

ERSCHEINUNGSBILD

Bei der Blumenwanze *Anthocoris nemorum* handelt es sich um eine fast schwarze Wanzenart mit hell-bräunlicher Flügelzeichnung, glasig-grauen Flügelenden und teilweise hellbraunen Beinen. Sie gehört mit knapp über vier Millimetern Länge zu den kleinen Wanzenarten.

LEBENSWEISE

Das Revier von *Anthocoris nemorum* sind Bäume und Sträucher. Die Weibchen beginnen nach der Überwinterung bei ersten milden Temperaturen mit der Beutesuche. Bei ausreichendem Angebot legen sie bald Eier in grüne Pflanzenteile wie Triebspitzen, Blattstiele und später in Früchte ab. Bereits die kleinsten Larven können sehr viel größere Beutetiere wie Blattläuse, Wanzen, Blattsauger oder Raupen überwältigen und aussaugen. In beutearmen Phasen können sich Blumenwanzen auch von Blütenpollen ernähren. Über fünf Larven- bzw. Nymphenstadien erfolgt die Entwicklung zur adulten Wanze.

BEDEUTUNG UND BESONDERHEITEN

Mit der Entwicklung von drei Generationen im Jahr kann *Anthocoris nemorum* sich an Schädlingspopulationen anpassen und diese wirksam unter Kontrolle bringen. Weitere Arten aus der Familie der Blumenwanzen haben eine ähnliche Lebensweise. Die etwas kleineren Arten wie *Orius minutus* und *Orius majusculus* – beide haben eine Länge von 2,5 Millimetern – siedeln sich bevorzugt bei Pflanzen an, die mit Thrips und Spinnmilben befallen sind. Sie bevorzugen niedrige Vegetation wie Kräuter und Gemüsearten. Dabei vertilgen sie unter anderem auch die schädlichen Larven der Wiesenwanzen. Blumenwanzen werden im Gemüsebau unter Glas zur biologischen Schädlingsbekämpfung genutzt.

Ihr flacher Körperbau ermöglicht es, in engen Spalten nach Beute zu suchen. Gelegentlich werden Menschen von Blumenwanzen gestochen. Blumenwanzen verhindern besonders wirksam Schäden durch Thripse an Blütenorganen und jungen Früchten.

SCHONUNG UND FÖRDERUNG

Foto: Frithjof Kohl

Da sich die Blumenwanze auch von Pollen ernähren kann, um beutearme Phasen zu überbrücken, kann man sie durch reichliches Blütenangebot anlocken.

Blumenwanze *Anthocoris nemorum*

10.5.3 SICHELWANZEN

BEISPIEL

Nabis rugosus* und *Nabis ferus

GEGEN

Insekten, auch Eier- und Larvenstadien

ERSCHEINUNGSBILD

Der kräftige Stechrüssel der Sichelwanzen ist in charakteristischer Weise von der Kopfspitze nach unten sichelförmig gebogen und nicht wie bei den übrigen Wanzen in Ruhestellung an der Kopfunterseite und dem Körper angelegt. Der wenig auffällige hellbraune Körper und die Beine sind nur schwach gefärbt, die Arten sind daher nur schwer zu unterscheiden. Sie haben einen schlanken Körper, der bei *Nabis ferus* mit 8,5 Millimetern etwas länger ist als bei *Nabis rugosus*.

LEBENSWEISE

Beide Arten überwintern als adultes Insekt in der Vegetation oder in Verstecken in Bodennähe. Sie legen die Eier ab April in Grashalmen und ähnlichen Pflanzenstrukturen ab, zum Beispiel in Blattröhrchen von Schnittlauch und Zwiebel. Es gibt eine Generation pro Jahr. Nahezu alle Insektenarten, die nicht schnell genug davonfliegen oder -laufen, werden angestochen und verzehrt. Auch Artgenossen bleiben bei Futtermangel nicht verschont.

BEDEUTUNG UND BESONDERHEITEN

Sichelwanzen leben ausschließlich räuberisch. Das Beutespektrum dieser Tiere ist sehr groß. Während andere räuberische Insektenarten nur bewegte Beute akzeptieren, saugen die Sichelwanzen auch Ruhestadien wie Eier und Puppen aus. Bei vielen Arten entwickeln sich neben den normalgeflügelten Formen häufig kurzgeflügelte Tiere. Diese können dann leicht mit den Larven verwechselt werden.

SCHONUNG UND FÖRDERUNG

Foto: Klaus Schrameyer

Besonders dicht belaubte Kräuter- und Gemüsekulturen in Bodennähe sind das Jagdrevier der *Nabis*-Arten. Wintergrüne Stauden sind ideale Überwinterungsplätze.

Sichelwanze *Nabis* ssp. beim Saugen an den Eiern der Kohleule

10.5.4 WEICHWANZEN

BEISPIEL

Psallus ambiguus

GEGEN

Blattläuse und andere saugende Insekten

ERSCHEINUNGSBILD

Die Weichwanze *Psallus ambiguus* ist circa fünf Millimeter lang, dunkel bis hellbraun mit rötlichem Fleck auf dem hinteren Drittel der Flügel. Je nach Lichtverhältnissen fällt die silbrige Behaarung auf.

LEBENSWEISE

Psallus ambiguus bildet jährlich eine Generation, sie überwintert als Ei. Dazu werden die Eier in Rindenspalten oder Jungtrieben von Bäumen, Sträuchern oder Stauden abgelegt. Die Jungtriebe sind auch das bevorzugte Jagdgebiet dieser Weichwanze. *Psallus ambiguus* besiedelt trockene Standorte ebenso wie nasse und stark beschattete Bereiche. Die Larven jagen besonders in der Dämmerung nach Beute.

BEDEUTUNG UND BESONDERHEITEN

Der überwiegende Teil der Weichwanzenarten ernährt sich von Pflanzensäften. Nur wenige, wie *Psallus ambiguus*, leben räuberisch. Vor allem an Obstgehölzen ist *Psallus ambiguus* ein wichtiger Gegenspieler von Blattläusen und anderen Blattsaugern. Weichwanzen haben keine Nebenaugen. Deshalb werden sie auch als „Blindwanzen“ bezeichnet, obwohl sie sehr gut sehen können. Den deutschen Namen „Weichwanze“ tragen die Tiere, da sie im Vergleich zu anderen Wanzenfamilien nur schwach verhärtete Körperdecken besitzen. Einzelne Weichwanzenarten werden auch zur biologischen Schädlingsbekämpfung im Gewächshaus genutzt.

SCHONUNG UND FÖRDERUNG

Foto: Klaus Schrameyer

Wanzen reagieren sehr empfindlich auf Pflanzenschutzmittel. Der Einsatz sollte daher im Vorfeld gründlich überdacht werden.

Weichwanze *Psallus ambiquus*

KAMELHALSFLIEGEN

10.6

In Deutschland kommen nur zehn Arten dieser Ordnung vor.

GEGEN

Blattläuse, kleine Käfer sowie Eier und Larven schädlicher Insekten

ERSCHEINUNGSBILD

Kamelhalsfliegen sind zart gebaut, meist dunkel gefärbt und ähneln den bekannten Florfliegen (siehe 10.7.2). Auffallend ist die halsartig verlängerte, schmale, etwas nach oben abgewinkelte Vorderbrust (Kamelhals). Der gut bewegliche herzförmige Kopf ist mit scharfen Kiefern ausgestattet. Die Tiere sind etwa 1,5 Zentimeter lang. Die vier Flügel sind dachartig zusammengelegt. Die Weibchen tragen eine lange Legeröhre.

LEBENSWEISE

Die Tiere werden einige Wochen alt und sind schon zeitig im Frühjahr in Wäldern oder an Obstgehölzen zu finden. Sie ernähren sich räuberisch von Blattläusen, kleinen Käfern, Insekteneiern und -larven. Die Weibchen legen ihre Eier häufchenweise mit der Legeröhre in Spalten der Baumrinde oder in den Boden. Die lang gestreckten, rindenbraunen Larven mit quadratischem Kopf schlüpfen im Juni/Juli, sind schlank gebaut, sehr lebhaft und können schnell vorwärts, aber auch rückwärts laufen. Sie fressen oft Larven von Borkenkäfern und anderen Insekten in deren Fraßgängen, aber auch auf der Rinde abgelegte Insekteneier. Auch am Boden können sie kleine Gliedertiere jagen. Sie überwintern in einer selbst gegrabenen Mulde unter Rindenspänen. Bei einigen Arten dauert das Larvenstadium zwei bis drei Jahre. Die Puppen sind beweglich. Sie können klettern, laufen und sich sogar verteidigen.

BEDEUTUNG UND BESONDERHEITEN

Kamelhalsfliegen gelten als sehr nützlich, kommen aber leider nicht häufig vor. Der „Kamelhals" dieses Insekts ist ein auffälliges Erkennungsmerkmal.

SCHONUNG UND FÖRDERUNG

Laub- und Nadelbäume sowie Hecken ungestört lassen und nicht spritzen.

Foto: Klaus Schrameyer

Adulte Kamelhalsfliege *Raphidia flavipes*

Foto: Klaus Schrameyer

Larve der Kamelhalsfliege

ECHTE NETZFLÜGLER 10.7

Die Ordnung der Echten Netzflügler umfasst in Deutschland circa 100 Arten. Im Folgenden werden die Familien Taghafte, Florfliegen und Ameisenjungfern beschrieben.

TAGHAFTE 10.7.1

Von den Taghaften (Einzahl: der Taghaft) kommen in Deutschland 39 Arten vor, die aber teils nur mithilfe eines Mikroskopes unterschieden werden können.

GEGEN

Blattläuse

ERSCHEINUNGSBILD

Taghafte sind kaum einen Zentimeter lang und meist grau oder bräunlich gefärbt. Ihre Flügelspannweite liegt zwischen sieben und 35 Millimeter. Sie ähneln den Florfliegen, sind aber gedrungener. Die Saugzangen der schlanken, lebhaften Larven sind kürzer als bei Florfliegenlarven.

LEBENSWEISE

Taghafte leben überwiegend auf Sträuchern und Bäumen, einige auch auf krautigen Pflanzen. Ihr Lebensraum umfasst neben Laubwäldern und Parkanlagen auch Gärten und Obstbäume. Die Eier werden – im Unterschied zu den Florfliegen – mit einem kurzen oder gar keinem Stiel an Blättern, Rinde oder anderen Pflanzenteilen abgelegt. Zur Verpuppung spinnt die Larve einen lockeren Kokon, der auch zur Überwinterung dienen kann. Allerdings überwintern auch ganz junge Larven (erstes Larvenstadium) oder sogar voll entwickelte Tiere. Es werden eine bis fünf Generationen pro Jahr gebildet.

BEDEUTUNG UND BESONDERHEITEN

Taghafte sind äußerst nützliche Insekten, oft aber wegen zu geringer Anzahl ohne große Bedeutung. Da die Taghafte sich als Larven und Adulte überwiegend von Blattläusen ernähren, werden sie auch als „Blattauslöwen“ bezeichnet.

SCHONUNG UND FÖRDERUNG

Breitwirksame Pflanzenschutzmittel vermeiden.

Adulter Taghaft
Micromus angulatus

Foto: Klaus Schrameyer

Larve des Taghaft saugt an Rosenläusen

Foto: Klaus Schrameyer

FLORFLIEGEN

10.7.2

BEISPIEL

Gemeine Florfliege *Chrysoperla carnea*

GEGEN

Blattläuse, Raupen, Larven, Eier, Milben

ERSCHEINUNGSBILD

Die Gemeine Florfliege ist etwa zehn Millimeter lang und hat vier glashelle, grüngeäderte, dachartig zusammengelegte Flügel und lange Fühler. An der Vorderbrust besitzt sie eine Stinkdrüse zur Abwehr von Feinden.

LEBENSWEISE

Chrysoperla carnea kommt oft massenhaft in Gehölzen vor, auch in Städten. Adulte Tiere überwintern gerne in Gebäuden (zum Beispiel auf Dachböden). Sie nehmen nur Pollen oder Honigtau auf. Ein Weibchen lebt etwa zwei Monate und legt bis zu 700 Eier, oft in der Nähe von Blattlauskolonien. Die schlanken, grau-bräunlich gefärbten, versteckt lebenden Larven leben von Blattläusen (etwa 500 je Larve), aber auch anderen kleinen Insekten wie jungen Raupen, Thripsen und Käferlarven sowie Insekteneiern und Milben, notfalls auch Artgenossen. Die Florfliegenlarven spritzen den Beutetieren ein giftiges Sekret, das deren Inneres in einer Minute auflöst. Dann saugen sie die Beute aus. Die Larven verpuppen sich nach zwei bis drei Wochen in einem kugelförmigen Kokon. Dieser wird später zerbissen, die bewegliche Puppe kommt heraus und häutet sich erst außerhalb des Kokons zum erwachsenen Tier. *Chrysoperla carnea* bildet zwei Generationen im Jahr.

BEDEUTUNG UND BESONDERHEITEN

Florfliegenlarven sind außerordentlich wichtige Vertilger von Blattläusen, Blutläusen und Spinnmilben. Die häufigste und für den Garten wichtigste Art ist die Gemeine Florfliege. Gezüchtete *Chrysoperla carnea* werden im Gewächshaus als „Feuerwehr" zur biologischen Schädlingsbekämpfung eingesetzt.

Die Florfliegeneier sitzen auf auffallend langen, dünnen Stielen. Dadurch sind sie vor Eiräubern und früh schlüpfenden Geschwisterlarven geschützt. Florfliegen werden häufig als Testorganismen bei der amtlichen Zulassungsprüfung von Pflanzenschutzmitteln eingesetzt und in der Gebrauchsanweisung genannt.

SCHONUNG UND FÖRDERUNG

Nützlingsschonende Insektizide wählen. Blühende Wildpflanzen (zum Beispiel Doldenblütler) sind wichtig für die voll entwickelten Tiere. Eine Überwinterung auf Dachböden oder in Gartenhütten sollte geduldet werden (im Frühjahr rechtzeitig die Dachfenster öffnen). Spezielle Florfliegen-Überwinterungsquartiere sind im Handel erhältlich.

Foto: Klaus Schrameyer

Adulte Florfliege

Foto: Klaus Schrameyer

Larve von *Chrysoperla carnea* beim Aussaugen von Wanzeneiern

Foto: Klaus Schrameyer

Gestieltes Ei von *Chrysoperla carnea*

Foto: Klaus Schrameyer

Kokon von *Chrysoperla carnea*

AMEISENJUNGFERN

10.7.3

Die Familie der Ameisenjungfern ist in Deutschland nur mit sechs Arten vertreten. Vor allem durch die Lebensweise ihrer Larven sind sie sehr interessant. Eine hierzulande häufiger vorkommende Art ist die Gefleckte Ameisenjungfer.

BEISPIEL

Gefleckte Ameisenjungfer *Euroleon nostras*

GEGEN

Ameisen und andere kleine Insekten

ERSCHEINUNGSBILD

Die Gefleckte Ameisenjungfer hat durchscheinend graue Flügel mit grau-schwarzen Flecken und einer Flügelspannweite von 70 Millimetern. Die Larven, die auch als Ameisenlöwen bezeichnet werden, sind graubraun, kurz und breit gebaut, stark behaart, mit mächtigen Saugzangen am Kopf.

LEBENSWEISE

Euroleon nostras fliegt von Juli bis August und lebt meist räuberisch von Insekten, frisst aber wenig. Die Eier werden einzeln in sandigen Boden gelegt. Jede Larve hebt in leichtem Boden an regengeschützten Plätzen (unter überhängenden Böschungen, aber auch Vordächern oder Außentreppen) eine trichterförmige Grube aus und wartet am Grunde versteckt auf hineinfallende Insekten, vor allem Ameisen. Die Larven benötigen für ihre Entwicklung zwei bis drei Jahre.

BEDEUTUNG UND BESONDERHEITEN

Die Gefleckte Ameisenjungfer ist nützlich und es ist interessant, das Verhalten der Larven im Trichter zu beobachten: Die Larve lauert auf kleine hineinfallende Insekten, bei Fluchtversuchen schleudert sie Sand gegen die Trichterwände, um den Flüchtling wieder zum Abstürzen zu bringen.

SCHONUNG UND FÖRDERUNG

Breitwirksame Pflanzenschutzmittel vermeiden. Die Fangtrichter der Larven nicht zerstören.

Foto: Frithjof Kohl

Gefleckte Ameisenjungfer

Foto: Klaus Schrameyer

Larve der Gefleckten Ameisenjungfer in einem Trichter, mit dem sie ihre Beute fängt

KÄFER 10.8

Bei den Käfern handelt es sich wohl um die umfangreichste Insektenordnung. Die in Deutschland vorkommenden 6.500 Arten werden in etwa 120 Familien eingeteilt. Bedeutsame Nützlinge finden sich in sechs verschiedenen Käferfamilien, die im Folgenden beispielhaft vorgestellt werden.

LAUFKÄFER 10.8.1

In Mitteleuropa sind circa 500 Laufkäferarten bekannt. Die Larven und Käfer der meisten Arten dieser Familie fressen vor allem Schnecken, Würmer und Insekten sowie deren Eier. Sie sind meist flugunfähig. Die schlanken, flinken Larven leben in der oberen Bodenschicht.

BEISPIEL

Goldlaufkäfer *Carabus auratus*

GEGEN

Schnecken, Würmer und Insekten

ERSCHEINUNGSBILD

Der Goldlaufkäfer wird 20 bis 27 Millimeter lang, schimmert oberseits erzgrün und hat drei erhabene Rippen auf den rotgolden geränderten Flügeldecken. Unterseits ist er glänzend schwarz, die Beine sind rot. Diese Käferart läuft recht schnell.

LEBENSWEISE

Der Lebensraum von *Carabus auratus* umfasst Gärten, Wiesen und Felder, vor allem in der Ebene. Er bevorzugt warme Stellen und schweren Boden und durchschwimmt Bäche. Im April verlässt der Käfer sein Überwinterungsquartier. Nach der Begattung legt das Weibchen die Eier oberflächlich in den Boden. Nach drei bis zehn Tagen schlüpfen die Larven, häuten sich dreimal und verpuppen sich in einer kleinen Höhle im Boden. Die Entwicklungszeit beträgt zwei bis drei Jahre. Im Herbst erscheinen die frisch geschlüpften Käfer.

BEDEUTUNG UND BESONDERHEITEN

Der Goldlaufkäfer frisst täglich bis zum Dreifachen seines Körpergewichtes, vor allem Schnecken, aber auch Würmer und Insekten wie Kartoffelkäfer. Er meidet Wälder, kommt in ganz Deutschland aber häufig in Gärten vor. Dort tritt er allerdings nicht in großer Zahl auf.

Der Goldlaufkäfer ist im Gegensatz zu anderen Laufkäferarten tagaktiv. Viele Laufkäferarten drohen bei Gefahr, indem sie sich auf die Hinterbeine stellen, die Mundwerkzeuge spreizen und durch Erbrechen oder aus Hinterleibsdrüsen ätzende, unangenehm riechende Flüssigkeiten abgeben. Außerdem können sie kräftig kneifen.

SCHONUNG UND FÖRDERUNG

Alle Laufkäfer sind geschützt. Breitwirksame Insektizide vermeiden. Bierfallen gegen Schnecken nicht bodengleich abschließen, sondern etwas hervorstehen lassen, damit keine Laufkäfer hineinfallen und ertrinken. Laufkäfer lieben Feuchtigkeit und halten sich gerne unter Hecken auf. Auch für kleine Laub- und Steinhaufen sind sie dankbar.

Foto: Klaus Schrameyer

Goldlaufkäfer *Carabus auratus*

Foto: Klaus Schrameyer

Carabus-Larve beim Verzehr einer Schnecke

BEISPIEL

Ahlenkäfer *Bembidion* spp.

GEGEN

verschiedene schädliche Fliegenarten, die ihre Eier in Bodennähe ablegen, sowie Blattläuse und Springschwänze

ERSCHEINUNGSBILD

Ahlenkäfer sind schwarz, bunt, mit farbigen Punkten oder metallisch glänzend. Mit nur zwei bis acht Millimetern Länge sind sie wesentlich kleiner als der Goldlaufkäfer. Die einzelnen Arten sind schwer zu bestimmen.

LEBENSWEISE

Ahlenkäfer sind tagaktiv und laufen bei Sonnenschein flink über den Boden. Sie lieben Wärme und Feuchtigkeit und sind öfter auf Gartenwegen oder freien Beetflächen anzutreffen. Sie fressen die Eier verschiedener Fliegenarten (zum Beispiel Kleine Kohlfliege, Fritfliege), aber auch die von Blattläusen und Springschwänzen.

BEDEUTUNG UND BESONDERHEITEN

Einige der insgesamt 90 Ahlenkäferarten halten sich auch im Garten auf. Ahlenkäfer sind nützlich und relativ häufig. In einer Untersuchung über Käfer in Feldrainen machten die Ahlenkäfer etwa 25 % aller gefangenen Käfer aus.

Die besondere Bedeutung der Ahlenkäfer als Nützlinge ist daran ersichtlich, dass eine Art (*Bembidion lampros*) bei der amtlichen Zulassungsprüfung von Pflanzenschutzmitteln eingesetzt wird, um die unerwünschte Nebenwirkung auf Nützlinge zu erfassen.

SCHONUNG UND FÖRDERUNG

Foto: Klaus Schrameyer

Wenn Insektizide eingesetzt werden müssen, sollten diese für Laufkäfer unschädlich sein (Gebrauchsanweisung beachten). Hecken, Laubstreu und ungestörte Grasbüschel sind wichtige Überwinterungsquartiere.

Ahlenkäfer
Bembidion quadrimaculatum

BEISPIEL

Großer Puppenräuber *Calosoma sycophanta*

GEGEN

schädliche Schmetterlingslarven (Raupen)

ERSCHEINUNGSBILD

Mit einer Länge von 24 bis 30 Millimetern zählt *Calosoma sycophanta* zu den großen Laufkäferarten. Er ist kupfergrün gefärbt und ein guter Flieger.

LEBENSWEISE

Der Große Puppenräuber jagt am Boden und auf Bäumen Schmetterlingslarven und -puppen. Er kommt im Wald ebenso vor wie auf Obstbäumen. Allerdings gräbt er sich bereits im August zur Überwinterung in den Boden ein. Die Larve entwickelt sich im Sommer in zwei bis vier Wochen. Die Puppenruhe beträgt drei bis vier Wochen. Ab Spätsommer erscheinen die Käfer, die im Laufe ihres Lebens zweimal überwintern.

BEDEUTUNG UND BESONDERHEITEN

Calosoma sycophanta spielt als Gegenspieler unter anderem bei Massenvermehrungen forstschädlicher Schmetterlinge wie Schwammspinnern und Nonnen eine große Rolle, er kann aber auch im Garten nützlich sein. Nach überschlägigen Berechnungen kann er jährlich bis zu 400 Raupen vernichten, wobei etwa 10 % auf die Larven entfallen. Bei geringem Nahrungsangebot sind die Puppenräuber allerdings selten zu sehen.

Es wird berichtet, dass Puppenräuber auf Eichen auch die Raupen des Prozessionsspinners jagen, die wegen ihrer gesundheitsschädlichen Brennhaare zunehmend zur Plage für den Menschen werden.

SCHONUNG UND FÖRDERUNG

Bäume, Hecken und ungestörte Gartenbereiche sind als Rückzugsgebiete wichtig. Breitwirksame Insektizide sollten vermieden werden.

Foto: Klaus Schrameyer

Großer Puppenräuber *Calosoma sycophanta*

10.8.2 AASKÄFER

Diese Käferfamilie umfasst Aasfresser, Pflanzenschädlinge und nützliche Räuber. Zu den letzteren zählt die im Folgenden beschriebene Art.

BEISPIEL

Schwarzer Schneckenjäger *Phosphuga atrata*

GEGEN

Schnecken

ERSCHEINUNGSBILD

Der Schwarze Schneckenjäger ist zehn bis 16 Millimeter groß, flach gebaut und schwarz bzw. braun gefärbt. Die Körperoberfläche ist weitgehend fein punktiert, auf den Flügeldecken befinden sich jeweils drei hervorstehende Längsrippen. Der Käfer hat einen relativ kleinen, länglichen Kopf mit langen, am Ende leicht verdickten Fühlern.

LEBENSWEISE

Phosphuga atrata lebt meist versteckt an feuchten Stellen im Moos, unter Laub oder unter der losen Rinde von Bäumen. Die Käfer und auch die schwarz gefärbten Larven ernähren sich räuberisch, überwiegend von Schnecken. Die Larven verpuppen sich im Boden.

BEDEUTUNG UND BESONDERHEITEN

Käfer und Larven des Schwarzen Schneckenjägers – auch „Schwarzer Aaskäfer" genannt – sind durch das Vertilgen von Schnecken sehr nützlich.
Der flache Körperbau ermöglicht es *Phosphuga atrata*, auch in enge Spalten, wie in Schneckengehäuse, zu kriechen. Bei Gefahr sondern die Käfer eine gelbliche Flüssigkeit ab und ziehen ihren Kopf unter ihr Halsschild zurück.

SCHONUNG UND FÖRDERUNG

Foto: Frithjof Kohl

Laub- und Nadelbäume sowie Hecken ungestört lassen und chemischen Pflanzenschutz vermeiden.

Schwarzer Schneckenjäger

KURZFLÜGLER

10.8.3

Als Kurzflügler wird eine sehr artenreiche Käferfamilie bezeichnet, die allein in Deutschland mit nahezu 1.600 Arten vertreten ist.

GEGEN

Gemüsefliegen, Spinnmilben, Milben u. a.

ERSCHEINUNGSBILD

Typisch für diese Käferfamilie sind die verkürzten Flügeldecken. Die meist schwarz oder braun gefärbten, schlanken Tiere sind in der Regel nur zwei bis acht Millimeter lang.

LEBENSWEISE

Vertreter der Kurzflügler kommen in nahezu allen Lebensräumen auf dem Land vor und stellen insbesondere in der Streu- und Humusschicht den Hauptbestandteil der Makrofauna dar. Die meisten Kurzflüglerarten leben räuberisch, die restlichen Arten ernähren sich von Pilzen oder pflanzlichen Stoffen. Die Larven einiger Arten leben in Fliegenpuppen und sind somit wichtige Gegenspieler von Gemüsefliegen. Als Käfer vertilgen sie darüber hinaus die Eier der Schädlinge.

BEDEUTUNG UND BESONDERHEITEN

Kurzflügler kommen im Boden zahlreich vor und sind allgemein sehr nützlich. Als natürlicher Gegenspieler von Gemüsefliegen wird eine Kurzflüglerart (*Aleochara bilineata*) im Rahmen der Zulassungsprüfung von Pflanzenschutzmitteln mitgetestet, um unerwünschte Nebenwirkungen auf Nützlinge zu erfassen.

Viele Kurzflüglerarten sind flugunfähig. Meist können sie jedoch sehr schnell laufen und besitzen zur Abwehr von Feinden Wehrdrüsen am Hinterleib, aus denen sie bei Gefahr ein klebriges Sekret absondern können.

SCHONUNG UND FÖRDERUNG

Wenn ein Insektizideinsatz unvermeidlich ist, sollten nur für Kurzflügler unschädliche Mittel zum Einsatz kommen (Gebrauchsanweisung beachten). Ein lebendiger Boden mit einem hohen Anteil an organischer Substanz sowie eine regelmäßige Gründüngung oder eine organische Mulchdecke fördern das Vorkommen von Kurzflüglern.

Foto: Klaus Schrameyer

Kurzflügler *Aleochara bilineata* beim Vertilgen von Eiern der Zwiebelfliege

Foto: Klaus Schrameyer

Larve des Kurzflüglers *Aleochara bilineata* neben einer Kohlfliegenpuppe

LEUCHTKÄFER (GLÜHWÜRMCHEN)

10.8.4

Leuchtkäfer kommen in Deutschland nur mit drei Arten vor: Der Kleine Leuchtkäfer *Lamprohiza splendidula*, auch Gemeines Glühwürmchen oder Johanniswürmchen genannt, der Große Leuchtkäfer *Lampyris noctiluca* sowie der Kurzflügel-Leuchtkäfer *Phosphaenus hemipterus*.

GEGEN

Schnecken

ERSCHEINUNGSBILD

Bei diesen drei Leuchtkäferarten sind nur die männlichen Tiere flugfähig. Die Weibchen sind je nach Art zwischen zehn und 20 Millimeter lang und größer als die nur sechs bis zwölf Millimeter großen Männchen.

LEBENSWEISE

Nur die Larven nehmen Nahrung auf. Die erwachsenen Käfer zehren überwiegend von ihren Fettreserven und leben nur wenige Wochen zwischen Juni und August. Kurz nach der Begattung legen die Weibchen circa 60 bis 90 Eier am Boden ab. Nach etwa einem Monat schlüpfen die wurm- oder asselähnlichen Larven. Die Entwicklung vom Ei bis zum Käfer beträgt gewöhnlich zwei bis drei Jahre. Die Larven häuten sich bis zu zwölf Mal, sie leben in der Bodenstreu und Krautschicht. Dort ernähren sie sich hauptsächlich von Schnecken und orientieren sich an deren Schleimspuren. Haben sie ihr Opfer gefunden, töten sie es durch mehrere Giftbisse, schleppen es häufig meterweit zu einem geschützten Fressplatz und verzehren es dort langsam.

BEDEUTUNG UND BESONDERHEITEN

Die Larven des Großen und Kleinen Leuchtkäfers sind sehr nützlich, da sie besonders viele Schnecken vertilgen.
Aufgrund ihrer Fähigkeit, Leuchtsignale auszusenden, werden die Käfer im Volksmund als Glühwürmchen bezeichnet. Die Leuchtsignale, die durch verschiedene biochemische Vorgänge im Hinterleib entstehen, locken Partner an.

SCHONUNG UND FÖRDERUNG

Feuchte, ungestörte und nicht mit Schneckenmitteln behandelte Gebiete im Garten.

Foto: Klaus Schramemeyer

Leuchtkäferlarve beim Vertilgen einer Schnecke

Foto: Frithjof Kohl

Erwachsener Leuchtkäfer

WEICHKÄFER

10.8.5

Die Familie der Weichkäfer umfasst in Mitteleuropa etwa 85 Arten. Die meisten leben räuberisch, nehmen aber als Käfer auch Blütenpollen auf. Im Folgenden wird beispielhaft eine sehr häufige Art beschrieben.

BEISPIEL

Gemeiner Weichkäfer *Cantharis fusca*

GEGEN

Blattläuse und andere Insekten, Schnecken und Würmer

ERSCHEINUNGSBILD

Der Gemeine Weichkäfer ist etwa elf bis 15 Millimeter lang, relativ flach und schlank gebaut und überwiegend schwarz gefärbt. Die Vorderpartie des Kopfes, Teile des Halsschildes, einige Grundglieder der Antennen sowie die Innenseite der Vorderbeine sind rotbraun gezeichnet. Sein Chitinpanzer ist wie bei allen Käfern aus dieser Familie relativ weich.

LEBENSWEISE

Weichkäfer überwintern als Larve versteckt unter Steinen, Falllaub, Moos oder hinter der Rinde von Bäumen. Die samtschwarz gefärbten, langgestreckten und weichen Larven leben räuberisch am Boden und ernähren sich dort von Kleintieren wie Insekten, Schnecken und Würmern. Nach der Verpuppung im späten Frühjahr schlüpfen die überwiegend tagaktiven Käfer. Sie ernähren sich vor allem von Blattläusen und anderen kleinen Insekten sowie von Nektar und Pollen. Gelegentlich fressen sie auch an jungem Pflanzengewebe. Nach der Paarung legt das Weibchen seine Eier in die oberen Bodenschichten ab. Nachdem die Larven aus den Eiern geschlüpft sind, beginnen sie sofort mit ihrer räuberischen Lebensweise.

BEDEUTUNG UND BESONDERHEITEN

Durch das Vertilgen von Blattläusen, Insekten und Schnecken sind Weichkäfer außerordentlich nützlich für den Garten. Man findet *Cantharis fusca* häufig in Gebüschen, an Feld- und Waldrändern sowie auf Wiesen und Feldern. Im Sommer sind die Käfer meist zu mehreren auf den Blüten von Doldenblütlern wie Bärenklau oder Kerbel anzutreffen.

SCHONUNG UND FÖRDERUNG

Keine breitwirksamen Insektizide einsetzen und Doldenblütler zum Anlocken der Käfer anbauen. Laub im Garten belassen oder Steine als Versteck anbieten, damit die Larven ungestört überwintern können.

Foto: Klaus Schrameyer

Gemeiner Weichkäfer
Cantharis fusca

Foto: Christoph Allgaier

Larve des Gemeinen Weichkäfers *Cantharis fusca*

MARIENKÄFER

10.8.6

Etwa 80 Arten zählen in Deutschland zur Familie der Marienkäfer. Im Folgenden werden zunächst die Marienkäfer im Allgemeinen behandelt, dann folgen Beispiele für je eine blattlausfressende Art (*Coccinella septempunctata*), eine spinnmilbenfressende Art (*Stethorus punctillum*) und eine pilzfressende Art (*Psyllobora vigintiduopunctata*).

GEGEN

Blattläuse, Schildläuse, Spinnmilben u. a.

ERSCHEINUNGSBILD

Marienkäfer sind einen bis zwölf Millimeter groß. Ihr Körper ist halbkugelig gewölbt und häufig mehrfarbig mit rot oder gelb als Grundfarbe und andersfarbigen Flecken (häufig schwarz) versehen. Die Eier sind gelb bis orange gefärbt und werden meistens aufrecht nebeneinander abgelegt. Jene Arten, die Gegenspieler von Schildläusen sind, schieben die Eier einzeln unter die Schilde der Läuse. Die Larven sind grau bis schwarz gefärbt, zum Teil mit arttypischen gelben oder orangefarbenen Flecken. Die drei Beinpaare sind seitlich ausgestellt. Die Larven einiger Arten tragen Warzen mit längeren Borsten, andere scheiden Wachsfäden aus, die den Körper ganz bedecken können. Die Puppen sind gelblich-orangerot gefärbt und mit meistens eher unauffälligen dunklen Punkten versehen.

LEBENSWEISE

In Deutschland leben mehr als 50 Marienkäferarten von Blattläusen, circa 14 Arten von Schildläusen, einige von Spinnmilben, Mottenschildläusen und Mehltaupilzen sowie drei von pflanzlichem Material. Die ausgewachsenen Käfer überwintern häufig in großer Zahl in Quartieren wie Laubstreu im Wald, Hecken, Schuppen oder Höhlen, die oft von vielen Generationen hintereinander aufgesucht werden. Die meisten Arten haben vier Larvenstadien, wenige auch fünf.

BEDEUTUNG UND BESONDERHEITEN

Marienkäfer sind sehr wirksame Gegenspieler von Blattläusen und Schildläusen, da sie sehr früh im Jahr auftreten und sich dann stark vermehren, wenn ihre Beute zahlreich vorhanden ist. Auch als Spinnmilbenräuber sind einige Arten nicht zu unterschätzen.

Viele Marienkäfer sind durch leuchtende Farben mit Punkten gut zu sehen. Diese leuchtenden Farben sind Warnfarben, die Vögel abhalten sollen. In den letzten Jahren ist in Deutschland eine neue Marienkäferart aus Asien aufgetaucht, *Harmonia axyridis*. Diese Art wurde zunächst als Nützling in Frankreich und den Niederlanden eingesetzt. Hierzulande bekämpft *Harmonia axyridis* besonders in Flussniederungen und auf Stadtbäumen erfolgreich Blattläuse. Im Weinbau wird *Harmonia axyridis* allerdings als schädlich eingestuft, da sich diese Art häufig zur Zeit der Lese an den Trauben aufhält. Der Asiatische Marienkäfer breitet sich zum Teil auf Kosten einheimischer Marienkäferarten aus.

SCHONUNG UND FÖRDERUNG

Marienkäfer sollten besonders geschont werden. Treten sie im Haus- und Kleingarten an den Kulturpflanzen auf, sollten Insektizide, die sie schädigen könnten, nicht angewendet werden. Auch ihre Puppen sollten nicht entfernt werden.

BEISPIEL

Siebenpunkt-Marienkäfer *Coccinella septempunctata*

GEGEN

Blattläuse

ERSCHEINUNGSBILD

Der Siebenpunkt-Marienkäfer ist mit Abstand der bekannteste Marienkäfer. Die roten, glänzenden Flügeldecken mit den sieben schwarzen Punkten sind zu einem Glückssymbol geworden, weshalb der Siebenpunkt auch als „Glückskäfer" bezeichnet wird. Im Unterschied zu anderen Arten kommt es nur selten zu Farbabweichungen. Mit 5,5 bis acht Millimetern ist der Siebenpunkt eine der größeren Marienkäferarten in Deutschland. Die rote Färbung wirkt als Warnfarbe für Räuber.

LEBENSWEISE

Larven und Käfer des Siebenpunkt ziehen Blattläuse jeglicher anderen Nahrung vor. Er überwintert als Käfer unter Rinde und im Falllaub, aber auch in Scheunen und auf Dachböden. Nach der Begattung Ende April/Anfang Mai beginnt das Weibchen mit der Ablage von 400 bis 800 dunkelgelben, länglich abgerundeten Eiern, in kleinen Gruppen meist senkrecht stehend auf der Blattunterseite, nach Möglichkeit in der Nähe von Blattlauskolonien. Die Eier ähneln Kartoffelkäfereiern, sind aber deutlich kleiner. Am Kohl sind sie durch ihre glatte, abgerundete Form klar von den gerieften, flach aufsitzenden Eiern des Großen Kohlweißlings zu unterscheiden. Nach wenigen Tagen schlüpfen die länglichen, blau-grauen, mit gelben Flecken versehenen Larven, die in ihrer etwa ein- bis zweimonatigen Entwicklung mit vier Stadien bis zu 600 Blattläuse verzehren können. Die gelborange gefärbte Puppe mit dunklen Flecken sitzt auf Blattunterseiten oder Blattstängeln. Sie ist am Hinterende mit dem Rest der Larvenhaut angeheftet. Ab Juli/August schlüpft eine neue Käfergeneration. Ein einziges Weibchen soll im Laufe seines Lebens mehrere Tausend Blattläuse verzehren. Im Herbst kann der Siebenpunkt große Schwärme bilden. Die Käfer überwintern oft in größeren Gesellschaften.

BEDEUTUNG UND BESONDERHEITEN

Der Siebenpunkt kommt auf Wiesen und Feldern, in Gärten, an Wegrändern und anderen Orten in der bodennahen Pflanzenschicht nahezu überall vor. Er ist einer der größten Blattlausvernichter. Da er als Käfer überwintert, kann er schon zeitig mit dem Fraß beginnen und bald Eier ablegen. Er hat also ein frühes und großes Vermehrungspotenzial. Bei Mangel an Blattläusen kann er sich auch von kleinen Raupen oder anderen Insekten ernähren. Bei den Larven kann auch Kannibalismus auftreten.

SCHONUNG UND FÖRDERUNG

Überwinternde Tiere sollten nicht gestört werden. Treten im Winter Käfer in geheizten Räumen am Fenster auf, sollten diese möglichst schnell in kalte Räume umgesiedelt werden, da sie sonst vertrocknen. Im Frühjahr Fenster von Dachböden usw. öffnen. Der Siebenpunkt hat nur wenige Feinde, er wird aber durch blattlauszüchtende Ameisen so stark belästigt, dass er solche Pflanzen oft verlässt. Der Siebenpunkt ist ein gutes Beispiel dafür, wie die Wirkung von Nützlingen auf eine Schädlingspopulation (Blattläuse) beobachtet und dadurch evtl. von einem Pflanzenschutzmitteleinsatz abgesehen werden kann. Notfalls nützlingsschonende Mittel einsetzen, was der Packungsangabe zu entnehmen ist.

Foto: Klaus Schrameyer

Erwachsener Siebenpunkt-Marienkäfer beim Fressen eines Thrips

Foto: Klaus Schrameyer

Larve des Siebenpunkt-Marienkäfers bei der Jagd auf Blattläuse

Foto: Klaus Schrameyer

Eier des Siebenpunkt-Marienkäfers mit schlüpfenden Larven

Foto: Klaus Schrameyer

Puppe des Siebenpunkt-Marienkäfers

BEISPIEL

Schwarzer Kugelmarienkäfer *Stethorus punctillum*

GEGEN

Spinnmilben

ERSCHEINUNGSBILD

Die kleinen Käfer haben eine Größe von 1,2 bis 1,5 Millimetern, sie sind schwarz mit gelben Beinen und Antennen. Sie haben eine kugelige Form und sind oberseits dicht mit kurzen Haaren besetzt, was ihre Bestimmung erleichtert, da eine solche Behaarung anderen kleinen Käferarten fehlt. Die unbehaarten Larven sind schlank und dunkelbraun. Sie sind mit hellgrauem Wachs überzogen.

LEBENSWEISE

Käfer und Larven leben von Spinnmilben. Die Weibchen legen ihre Eier stets in der Nähe von Spinnmilbenkolonien ab. Im Durchschnitt vertilgt *Stethorus punctillum* pro Tag 100 Spinnmilben verschiedener Stadien. Sie überwintern gemeinsam in Höhlungen unter Steinen, in Baumhöhlen und Ähnlichem und durchlaufen zwei bis drei Generationen pro Jahr.

BEDEUTUNG UND BESONDERHEITEN

Stethorus punctillum ist besonders in Obstanlagen und auf Obstbäumen ein sehr wichtiger Spinnmilbengegenspieler. In Anlagen mit biologischem oder integriertem Pflanzenschutz reduzieren die kleinen Marienkäfer zusammen mit Raubmilben die Spinnmilbenpopulationen auf ein völlig unschädliches Maß.
Es soll in Europa Populationen geben, die eine Resistenz gegen im Obstbau häufig angewandte Pflanzenschutzmittel erworben haben.

SCHONUNG UND FÖRDERUNG

Die Anwendung breitwirksamer Pflanzenschutzmittel gefährdet besonders die Spinnmilbengegenspieler und fördert damit die Spinnmilben. Idealerweise werden keine oder, wie im integrierten Anbau, nur nach genauer Überwachung der Schädlingspopulationen spezifisch wirksame, nützlingsschonende Pflanzenschutzmittel angewendet.

Foto: Klaus Schrameyer

Erwachsener Schwarzer Kugelmarienkäfer

Foto: Klaus Schrameyer

Larve (links) und Puppe (rechts) des Schwarzen Kugelmarienkäfers

BEISPIEL

Zweiundzwanzigpunkt-Marienkäfer *Psyllobora vigintiduopunctata*

GEGEN

Echte Mehltaupilze

ERSCHEINUNGSBILD

Die drei bis 4,5 Millimeter großen Käfer sind gelb gefärbt und tragen bis zu 22 schwarze Punkte. Flügeldecken, Kopf und Halsschild sind unbehaart. Die Larve ist ebenfalls mit einer leuchtend gelben Warnfarbe ausgestattet. Große und kleine schwarze Punkte und schwarze Beine unterstreichen den Warneffekt.

LEBENSWEISE

Larven und Käfer ernähren sich ausschließlich von Mehltaupilzen auf Laubbäumen. Besonders oft finden sie sich an Eichen, da diese besonders anfällig für Mehltau sind. Man findet die Käfer aber auch auf Büschen, Gräsern, Weinstöcken und in Gärten auf mit Mehltau infizierten Pflanzen.

BEDEUTUNG UND BESONDERHEITEN

Die Wirkung dieser Käfer lässt sich nur schwer beurteilen, da sie häufig erst in Erscheinung treten, wenn sich der Echte Mehltau schon stark entwickelt hat. Im Gegensatz zu anderen Gattungen (zum Beispiel *Halyzia*), bei denen nur die Käfer Mehltau fressen, ernähren sich bei *Psyllobora vigintiduopunctata* sowohl die Larven als auch die Käfer von dem Schadpilz.

SCHONUNG UND FÖRDERUNG

Die Anwendung breitwirksamer Insektizide sollte vermieden werden.

Foto: Klaus Schrameyer

Larve des Zweiundzwanzigpunkt-Marienkäfers beim Fressen von Mehltaupilzen

Foto: Klaus Schrameyer

Adulter Zweiundzwanzigpunkt-Marienkäfer

STECHIMMEN 10.9

Die Stechimmen stellen eine wichtige Gruppe innerhalb der Ordnung der Hautflügler dar. Hautflügler sind durch zwei Paar häutige Flügel gekennzeichnet und machen in Deutschland mit etwa 20 % aller Arten die größte Tiergruppe aus. In der Gruppe der Stechimmen sind einige für den Garten wichtige nützliche Insekten, wie Honigbiene, Feldhummel, Ameise oder Deutsche Wespe zu finden. Zur eigenen Verteidigung oder zur Überwältigung der Beute können diese Insekten ihren Wehrstachel einsetzen oder – bei vielen Ameisenarten bekannt – ihre Giftdrüse entleeren. Viele dieser Arten sind daher nicht bei allen Kleingärtnern beliebt, besteht doch die Gefahr, von ihnen gestochen oder mit Giften belästigt zu werden. Das passiert aber in der Regel nur dann, wenn sich die Tiere bedroht fühlen, zum Beispiel wenn man sich in der Nähe des Nestes unvorsichtig bewegt oder Einzeltiere absichtlich oder unabsichtlich ihrer Freiheit beraubt.

BIENEN 10.9.1

Aus der Familie der Bienen sind hier drei Arten beschrieben: Die Honigbiene ist allgemein bekannt und äußerst nützlich. Die Blaue Holzbiene ist dagegen noch relativ selten, verbreitet sich aber im Zuge der Klimaerwärmung zunehmend und ist aufgrund ihrer Größe und ihrer schwarzen Färbung leider für manche Menschen furchterregend. Die Feldhummel kommt sehr häufig in Gärten vor.

BEISPIEL

Honigbiene *Apis mellifera*

ERSCHEINUNGSBILD

Die Honigbiene ist 13 bis 15 Millimeter groß und stark behaart, vor allem an Kopf und Brust. Die oberseits bräunliche und unterseits hellere Grundfärbung ist zum Teil von den helleren, teils gelblichen Haaren überdeckt. Wie bei allen Hautflüglern sind Kopf, Brust und Hinterleib deutlich abgesetzt (Wespentaille). An der Brust befinden sich die drei Bein- und zwei Flügelpaare, am Kopf zwei auffallend große Augen. Da Honigbienen, ebenso wie Hummeln, Pollen und Nektar an den Hinterbeinen sammeln, sieht es so aus, als würden sie dort gelbe „Körbchen" tragen.

LEBENSWEISE

Die Honigbiene lebt in einem sozial organisierten Volk, das über 50.000 Individuen umfassen kann. Eine Königin steht im Mittelpunkt des Bienenstaates und legt als einzige über mehrere Jahre hinweg Eier. Durch Hormone und Pheromone bewirkt sie den Zusammenhalt des Volkes und legt den Status der Arbeiterinnen fest. Diese versorgen die Königin und die Brut, reinigen den Bienenstock und schaffen als Flugbienen Futter für die Larven und Vorräte für das Volk heran. Die Entwicklung vom Ei bis zum Vollinsekt dauert bei der Arbeiterin 21 Tage. In besonderen größeren Zellen wachsen bei spezieller Fütterung junge Königinnen heran. Bevor diese schlüpfen, verlässt die alte Königin mit einem Teil des Volkes den Stock und gründet einen neuen. Aus unbefruchteten Eiern entwickeln sich männliche Bienen (Drohnen).

BEDEUTUNG UND BESONDERHEITEN

Für den Kleingärtner liegt ihre Bedeutung in erster Linie in der Bestäubung von Nutz- und Zierpflanzen. Bei den Obstbäumen garantiert eine gute Bestäubung einen hohen Ertrag und gleichzeitig eine optimale Qualität der Früchte. Da die Honigbiene vorwiegend an einer Pflanzenart sammelt und als ganzes Volk überwintert, ist sie für den Obstbau von besonderer Bedeutung.

SCHONUNG UND FÖRDERUNG

Wegen der großen Bedeutung der Biene als Bestäuber wurde eigens die Bienenschutzverordnung erlassen, die den Einsatz von Pflanzenschutzmitteln in der Nähe von Bienenständen regelt und die Mittel in ihrer Auswirkung auf die Bienen einstuft. So dürfen bienengefährliche Pflanzenschutzmittel nicht in blühenden Kulturen eingesetzt werden und auch dort nicht, wo bei Blattlaus- und Blattsaugerbefall Honigtau entsteht, der von den Bienen gesammelt wird. Ein möglichst ganzjähriges und vielseitiges Angebot von ungefüllten Blüten an Sommerblumen, Stauden und Gehölzen ist die wichtigste Fördermaßnahme für Bienen. In gefüllten Blüten sind die Staubbeutel zu dekorativen Kronblättern umgewandelt, daher spenden sie keinen Pollen.

Foto: LTZ Augustenberg

Honigbiene

BEISPIEL

Blaue Holzbiene *Xylocopa violacea*

ERSCHEINUNGSBILD

Der hummelartige Körper dieser Biene erreicht die beachtliche Länge von 23 Millimetern und ist schwarz behaart, mit blauschwarzen Flügeln. Da die Blaue Holzbiene Pollen und Nektar überwiegend im Kropf sammelt, sind die Pollenkörbchen an den Hinterbeinen nicht so auffällig wie bei der Honigbiene. Beim Fliegen erzeugt die Blaue Holzbiene einen lauten, dunklen Summton.

LEBENSWEISE

Diese Wildbiene ist sehr friedlich und greift selbst in der Nähe ihres Nistplatzes nicht an. Die Nistplätze sind in der Regel Holzstrukturen wie alte Bauhölzer von Gebäuden oder abgestorbene Bäume. Die Holzbiene nagt für ihr Nest tiefe Hohlräume ins Holz. Darin legt sie ihre Brutzellen an. Als Nahrung für die Larven sammelt sie darin Pollen, insbesondere von Stauden und einjährigen Sommerblumen aus den Familien der Korbblütler, Hülsenfrüchtler und Lippenblütler.

BEDEUTUNG UND BESONDERHEITEN

Die Blaue Holzbiene ist nützlich als Bestäuber von Zier- und Nutzpflanzen. Sie ist ein wichtiges Beispiel für die Schutzwürdigkeit der Wildbienen und für den furchtlosen, aber interessierten Umgang des gut informierten Menschen mit Insekten.

SCHONUNG UND FÖRDERUNG

Foto: Klaus Schrameyer

Nistplätze wie abgestorbene Obstbäume erhalten und bevorzugte Pflanzenarten zur Verfügung stellen.

Blaue Holzbiene

BEISPIEL

Ackerhummel *Bombus pascuorum*

ERSCHEINUNGSBILD

Wie alle Hummeln hat die Ackerhummel einen langen Rüssel und ist dicht behaart. Sie trägt einen struppigen, gelben Pelz mit einer oberseits gelbbraunen bis braunroten Brust. Die Farbmerkmale sind jedoch variabel. Die Weibchen erreichen eine Körperlänge von 22 Millimetern, die Männchen nur 18 Millimeter. Da die Ackerhummel wie die Honigbiene ein Beinsammler ist, trägt sie große Pollenkörbchen an den Hinterbeinen.

LEBENSWEISE

Die Ackerhummel ist nicht besonders wählerisch bei der Auswahl des Nistplatzes: in Bodennähe, in verlassenen Mäusenestern, unter Moospolstern, in Gebäuden in Wandhohlräumen, auf Dachböden, in Vogelnistkästen oder in Strohhaufen. Nur begattete Königinnen überwintern. Sie fliegen bereits sehr früh im März/April und sind somit als Bestäuberinnen der Frühblüher sehr wertvoll. Die Entwicklungs- und Flugzeit des Hummelvolkes kann bis in den Oktober hinein dauern.

BEDEUTUNG UND BESONDERHEITEN

Bombus pascuorum ist eine der häufigsten Hummelarten und siedelt sich gerade in Gärten verstärkt an. Wie auch andere Hummelarten ist sie als Bestäuber von Wild- und Nutzpflanzen auch bei niedrigen Temperaturen aktiv. Noch bei 6 °C fliegen die Arbeiterinnen und die Königinnen sogar bis 2 °C. Viele Pflanzenarten werden fast ausschließlich von Hummeln bestäubt.
Im Gewachshausanbau werden Tomaten von Hummeln bestäubt. Die Gärtner beziehen von Züchtern Erdhummelvölker und stellen sie in ihren Tomatenkulturen auf.

SCHONUNG UND FÖRDERUNG

Foto: Klaus Schrameyer

Grundsätzlich profitieren auch Hummeln von der Bienenschutzverordnung. Ihre Empfindlichkeit kann sich jedoch von der der Bienen unterscheiden. Im Zweifelsfall sollte daher während der Blüte möglichst auf Behandlungen, auch mit bienenungefährlichen Mitteln, verzichtet werden. Natürliche Hohlräume im Boden oder in alten Bäumen sollten erhalten werden. Schaffung eines umfangreichen Blütenangebots im Frühjahr und Sommer. Anbringen von Nistkästen für Hummeln (sind im Handel erhältlich).

Ackerhummel

10.9.2 AMEISEN

Diese Familie umfasst weltweit fast 10.000, in Deutschland circa 160 Arten. Ameisen sind staatenbildende Insekten mit sozialer Organisation. Ein typischer Ameisenstaat besteht aus Männchen, Weibchen und Arbeiterinnen (verkümmerte Weibchen). Einige Ameisenarten sind Jäger, manche leben in Wechselbeziehung zu Honigtauerzeugern (Blattläuse, Schildläuse u. a.), andere nehmen Pflanzensäfte oder Samen auf. Im Folgenden werden zwei Arten der Gattung der Wald- und Raubameisen vorgestellt, die Grauschwarze Sklavenameise (*Formica fusca*) und die Rotrückige Sklavenameise (*Formica cunicularia*).

BEISPIELE

Grauschwarze Sklavenameise *(Formica fusca)* und Rotrückige Sklavenameise *(Formica cunicularia)*

GEGEN

Raupen und andere Insektenlarven

ERSCHEINUNGSBILD

Formica fusca und *Formica cunicularia* sind überwiegend dunkelbraun mit rötlichen Partien an Kopf, Brust und Beinen. Die Arbeiterinnen sind fünf bis sieben Millimeter lang.

LEBENSWEISE

Die Königinnen beider Arten legen ihre Nester gern in Gärten an, unter Steinplatten, in Baumstümpfen oder hinter Rinde. Die Arbeiterinnen bauen das Nest aus, versorgen die Brut und gehen auf Jagd. Beide Arten nutzen den Honigtau von Pflanzensaftsaugern, leben jedoch überwiegend räuberisch von Raupen und anderen Insektenlarven. Beide Arten sind wärmeliebend und profitieren daher von der Klimaerwärmung. Entsprechend sind sie immer häufiger in hiesigen Gärten zu finden.

BEDEUTUNG UND BESONDERHEITEN

Formica fusca und *Formica cunicularia* sind beispielhafte Vertreter für Ameisenarten mit räuberischer Lebensweise. Dadurch kommt ihnen eine im Vergleich zu anderen Ameisenarten höhere Nützlichkeit im Kleingarten zu.

Der Name „Sklavenameise" erklärt sich dadurch, dass diese Ameisenarten im Wald oft anderen Waldameisen als Hilfskräfte dienen, vor allem bei deren Nestgründung.

SCHONUNG UND FÖRDERUNG

Ameisennester willkommener Arten nicht zerstören. Steinplatten oder Baumscheiben auslegen, um den Nestbau an gewünschten Stellen zu fördern.

Foto: Bernhard Seifert

Rotrückige Sklavenameise

10.9.3 WESPEN

Bei den gewöhnlich als „Wespen" bezeichneten Insekten handelt es sich um die Familie der Faltenwespen. Sie sind schwarz-gelb gezeichnet und fast immer räuberisch, einzelne Arten sind als ausgewachsene Tiere auch an Nektar, Honigtau, Obstsaft usw. interessiert. Die meisten Wespenarten leben solitär, nur 16 Arten bilden sozial organisierte Nestgemeinschaften.

Im Folgenden werden zwei Wespenarten beschrieben: Zum einen die häufig auftretende und manchmal lästige Deutsche Wespe, die oft im Wohnbereich zu finden ist und bei Bedrohung empfindlich stechen kann. Zum anderen wird die Hornisse, als sehr viel größere, aber in Mitteleuropa seltenere Art, vorgestellt.

BEISPIEL

Deutsche Wespe *Paravespula germanica*

GEGEN

Fliegen, Raupen, Blattsauger, Blattwespenlarven und andere Insekten

ERSCHEINUNGSBILD

Die deutsche Wespe ist etwa 20 Millimeter lang. Von anderen Wespenarten ist sie vor allem anhand der Färbung des Kopfes zu unterscheiden.

LEBENSWEISE

Nach der Überwinterung des befruchteten Weibchens gründet diese so genannte Königin ein neues Nest und zieht eine kleine Brut heran. Die Nachkommen sind weibliche, kleinere Arbeiterinnen. Sie übernehmen fortan den weiteren Aufbau sowie die Versorgung des Nestes und die Aufzucht der Brut. Die Königin bleibt jetzt im Nest und legt weiterhin Eier in die vorbereiteten Waben. Die Wespen ernähren sich von Blütennektar, süßen Früchten und vom Honigtau der Blattläuse. Im Laufe des Sommers bilden sich im Nest Männchen und große Weibchen. Sie schwärmen zum Hochzeitsflug aus, danach überwintern die befruchteten Weibchen. Sie sind die Königinnen des kommenden Jahres. Die Männchen sterben ebenso wie die Arbeiterinnen des ganzen Volkes im Laufe des Herbstes.

BEDEUTUNG UND BESONDERHEITEN

Für die Ernährung der Brut erbeutet die Deutsche Wespe andere Insekten, zum Beispiel Fliegen, Raupen, Kleinschmetterlinge und Käfer sowie die Larven weiterer Insektenordnungen. Die Menge, die ein Wespenvolk im Laufe des Sommers für seinen Aufbau benötigt, ist sehr groß, so dass man ohne weiteres von einer großen nützlichen Leistung sprechen kann.
Aus eigenem Antrieb greift die Deutsche Wespe – wie auch andere Wespenarten – niemals den Menschen an. Nur wenn sie sich selbst bedroht fühlen oder ihr Nest bedroht ist, stechen sie. Die Männchen können nicht stechen. *Paravespula germanica* ist eine von zwei Wespenarten, denen die übrigen 80 verschiedenen Faltenwespenarten Deutschlands den Ruf als aggressive stechende Wespen zu verdanken haben. Man sollte unbedingt vermeiden, die Wespen zu provozieren, da ein Stich bei empfindlichen Menschen zu einem allergischen Schock führen kann. Wegen der möglichen Übertragung von Krankheitserregern sollten Wespen auch von Lebensmitteln fern gehalten werden.

SCHONUNG UND FÖRDERUNG

Foto: Klaus Schremeyer

Wo zum Beispiel wegen ausreichendem Abstand oder einem geeigneten Umfeld ein Nest toleriert werden kann, sollte auf eine Bekämpfung der Wespen verzichtet werden.

Deutsche Wespen an einer alten Birne

BEISPIEL

Hornisse *Vespa crabro*

GEGEN

Heuschrecken, Raupen, Fliegen, andere Wespen

ERSCHEINUNGSBILD

Die Hornisse unterscheidet sich von anderen staatenbildenden Wespenarten vor allem durch ihre Größe, die bis zu 35 Millimeter betragen kann. Neben der schwarzgelben Zeichnung hat die Hornisse in ihrem Farbmuster auch rötlich-braune Streifen.

LEBENSWEISE

Die Entwicklung der Hornisse vollzieht sich weitgehend nach dem gleichen Ablauf wie bei den übrigen Wespenarten. Aufgrund ihrer Größe ist sie in der Lage, auch größere Beutetiere zu schlagen; so kann man sie gelegentlich im Herbst beobachten, wie sie Wespen an Fallobst nachstellt und erbeutet.

BEDEUTUNG UND BESONDERHEITEN

Hornissen erbeuten zur Aufzucht ihrer Brut große Mengen verschiedenster Insekten. Ein großes Volk benötigt bis zu 500 g Beute pro Tag. Neben Heuschrecken, anderen Wespen und Raupen werden große Mengen von Fliegen an die Brut verfüttert.

Die Hornisse ist keineswegs gefährlicher als ihre kleineren Schwestern, auch der Stich der Arbeiterinnen ist mit dem der übrigen Wespen vergleichbar. Wie bei anderen Wespenarten auch, können die Männchen nicht stechen.

SCHONUNG UND FÖRDERUNG

Foto: Peter Meyer, aid

Nur wenn Menschen oder Tiere durch die Anwesenheit eines Hornissennestes gefährdet sind, ist eine Entfernung des Nestes, besser eine Umsiedlung, angebracht. Für die Umsiedlung gibt es geübte Fachkräfte. Veterinärämter oder Naturschutzverbände geben gerne die Adressen bekannt.

Hornisse

ERZWESPEN 10.10

„ZEHRWESPEN" 10.10.1

Die beiden im Folgenden beschriebenen Parasitoide *Aphelinus mali* und *Encarsia perniciosi* gehören zur Familie der Aphelinidae, deren Vertreter gemeinhin als „Zehrwespen" bezeichnet werden. Offiziell ist dieser Name jedoch einer anderen Familie zugeordnet. Bei den „Zehrwespen" gibt es einige Parasitoide landwirtschaftlich wichtiger Schädlinge.

BEISPIEL

Blutlauszehrwespe *Aphelinus mali*

GEGEN

Blutlaus *(Eriosoma lanigerum)*

ERSCHEINUNGSBILD

Die Grundfarbe der 0,7 bis 0,9 Millimeter großen *Aphelinus mali* ist schwarz, nur die Basis des Hinterleibs, die Schenkel und die vorderen Glieder der achtgliedrigen Antennen sind gelb gefärbt.

LEBENSWEISE

Die Weibchen der Blutlauszehrwespe legen ihre Eier in die Blutläuse. Dort schlüpfen die Larven und ernähren sich von den Wirten. Es bildet sich eine feste, schwarze Blutlausmumie, in der die Verpuppung der Schlupfwespe erfolgt. Die jungen Blutlauszehrwespen verlassen die Mumien durch ein rundes Loch. *Aphelinus mali* durchläuft je nach Witterung fünf bis acht Generationen. Sie überwintert als Larve in der mumifizierten Blutlaus.

BEDEUTUNG UND BESONDERHEITEN

Aphelinus mali ist ein wirksamer, spezifischer Gegenspieler der Blutlaus. Schlüpft die Blutlauszehrwespe im Frühjahr besonders früh, wenn noch nicht genügend Blutläuse vorhanden sind, kann ihre Wirkung schlechter sein. In den letzten Jahren nimmt der Blutlausbefall in vielen Apfelanlagen deutlich zu, was auf die Verwendung

von Pflanzenschutzmitteln zurückzuführen ist, die für die Blutlauszehrwespe schädlich sind.
In Europa ist *Aphelinus mali* nicht heimisch. Sie wurde 1920 aus Nordamerika nach Europa gebracht und gelangte 1925 nach Deutschland. Die Einbürgerung der Blutlauszehrwespe gilt als gelungenes Beispiel für die klassische biologische Schädlingsbekämpfung in Deutschland.

SCHONUNG UND FÖRDERUNG

Foto: Klaus Schrameyer

Ausschließliche Verwendung von Pflanzenschutzmitteln, die für die Blutlauszehrwespe verträglich sind. Nur so lässt sich die mit Pflanzenschutzmitteln schwer zu bekämpfende Blutlaus durch die Zehrwespe und den ebenfalls sehr wichtigen Ohrwurm auf ein unschädliches Maß reduzieren.

Blutlauszehrwespe *Aphelinus mali*

BEISPIEL

Encarsia perniciosi

GEGEN

San-José-Schildlaus *(Diaspidiotus perniciosus)*

ERSCHEINUNGSBILD

Ein enger Verwandter der Blutlauszehrwespe ist die Zehrwespe *Encarsia perniciosi*. Sie ist 0,4 bis 0,8 Millimeter groß und dunkelgrau. Beine, die Spitze des Hinterleibs, Antennen und die Oberseite der Brust sind gelb gefärbt.

LEBENSWEISE

Die Weibchen von *Encarsia perniciosi* treten ab Mai auf und legen ihre Eier durch die Schilde hindurch in alle Stadien der San-José-Schildlaus ab. Diese leben noch so lange, bis die Parasitoiden-Larve entwickelt ist und sich unter dem Schild verpuppt. Die Zehrwespe schlüpft durch ein selbst geschaffenes Loch. Pro Jahr gibt es je nach Witterung drei bis fünf Generationen. *Encarsia perniciosi* überwintert als Ei oder häufiger als Larve in der Schildlaus.

BEDEUTUNG UND BESONDERHEITEN

Encarsia perniciosi ist ein wichtiger natürlicher Gegenspieler der San-José-Schildlaus. Durch die Einbürgerung dieser Zehrwespe konnte der Einsatz von Pflanzenschutzmitteln auf Mineralöl- und Paraffinöl-Basis im Streuobst- und kommerziellen Obstanbau deutlich reduziert werden.
30 Millionen Zehrwespen (*Encarsia perniciosi*) wurden von 1954 bis 1985 an der ehemaligen Landesanstalt für Pflanzenschutz in Stuttgart vermehrt und in die Befallsgebiete der San-José-Schildlaus gebracht. Dadurch ließ sich die Schildlaus zwar nicht ausrotten, aber auf ein meist unschädliches Maß reduzieren. In den letzten Jahren ist jedoch wieder eine Zunahme des Befalls zu beobachten.

SCHONUNG UND FÖRDERUNG

Pflanzenschutzmittel verwenden, die unschädlich für *Encarsia perniciosi* sind.

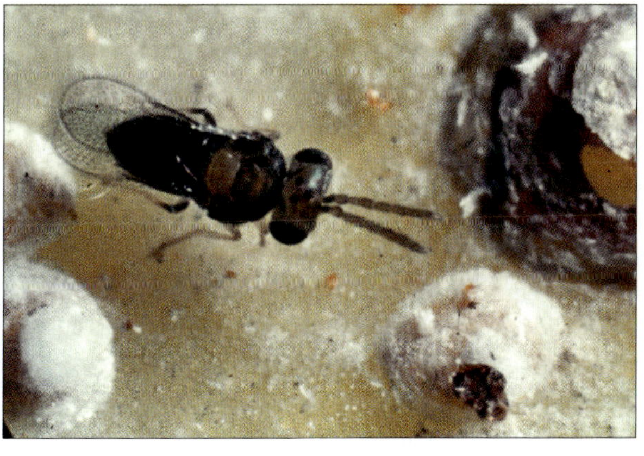

Foto: LTZ Augustenberg

Erzwespe *Encarsia perniciosi* neben der Mumie der San-José-Schildlaus, aus der sie geschlüpft ist

10.10.2 *TRICHOGRAMMA*-„SCHLUPFWESPEN"

Auch wenn *Trichogramma* häufig als „Schlupfwespe" bezeichnet wird, gehört diese Familie (Trichogrammatidae) eigentlich zu den Erzwespen. Die bedeutenden Arten *Trichogramma brassicae* und *Trichogramma evanescens* werden im Folgenden beschrieben.

BEISPIEL

Trichogramma brassicae* und *Trichogramma evanescens

GEGEN

Schadschmetterlinge

ERSCHEINUNGSBILD

Bei den *Trichogramma*-Arten handelt es sich um winzig kleine, nur etwa 0,2 bis 1,5 Millimeter große Parasitoide, die mit bloßem Auge kaum zu erkennen sind. Diese „Schlupfwespen" sind insgesamt bräunlich gefärbt, wobei Kopf und Beine meist gelb und die Augen rot sind.

LEBENSWEISE

Trichogramma-„Schlupfwespen" leben etwa drei bis vier Wochen. In diesem Zeitraum kann ein Weibchen etwa 100 Wirtseier parasitieren. Hierzu legt es je nach Größe der Wirtseier ein einzelnes oder mehrere Eier ab. Die aus den Eiern schlüpfenden Larven fressen die Wirtseier von innen heraus aus. Mit der Zeit verfärben sich die parasitierten Eier fast völlig schwarz. Nach neun bis zwölf Tagen schlüpfen die erwachsenen Tiere aus den Eiern. Innerhalb einer Vegetationsperiode können sich mehrere Generationen entwickeln.
Hauptwirte von *Trichogramma brassicae* und *Trichogramma evanescens* sind insbesondere die an Kohl vorkommenden schädlichen Schmetterlingsarten Kohleule (*Mamestra brassicae*) und Großer Kohlweißling (*Pieris brassicae*) sowie der an Mais auftretende Maiszünsler (*Ostrinia nubilalis*).

BEDEUTUNG UND BESONDERHEITEN

Die *Trichogramma*-„Schlupfwespen" gehören einer Insektenfamilie (Trichogrammatidae) an, die sich auf die Parasitierung von Schmetterlingseiern spezialisiert hat. Einige Arten aus dieser Familie sind hierzulande heimisch. Unter günstigen Bedingungen können sie die Eigelege der Schadschmetterlinge vollständig parasitieren, so dass gar keine Raupen schlüpfen.
Einige *Trichogramma*-Arten werden kommerziell gezüchtet und sind im Handel zur Bekämpfung von schädlichen Schmetterlingsarten erhältlich.

SCHONUNG UND FÖRDERUNG

Ausschließlicher Einsatz von Pflanzenschutzmitteln, die für die *Trichogramma*-„Schlupfwespen" nicht schädlich sind. Darüber hinaus können die Schlupfwespen durch das Schützen von parasitierten Eigelegen (diese sind völlig schwarz gefärbt) sowie durch einen abwechslungsreichen Garten mit vielen Blütenpflanzen gefördert werden.

Trichogramma-Schlupfwespe

Durch *Trichogramma* parasitiertes Eigelege des Maiszünslers

Parasitiertes Eigelege der Kohleule nach dem Schlupf der *Trichogramma*-Schlupfwespen

10.11 SCHLUPFWESPEN

Die drei folgenden Familien (Brackwespen, Blattlausschlupfwespen und Echte Schlupfwespen) werden oft zur Überfamilie „Schlupfwespen" zusammengefasst. Im Folgenden werden von jeder Familie ein bis zwei bedeutende Vertreter beschrieben.

Die meisten der in Deutschland registrierten über 4.300 Schlupfwespenarten sind für Laien nur sehr schwer zu unterscheiden. Sie sind zwischen einem halben und mehreren Zentimetern lang, meist schlank, oft dunkel oder auch lebhaft farbig gezeichnet.

10.11.1 BRACKWESPEN

BEISPIEL

Cotesia glomerata

GEGEN

Großer Kohlweißling *(Pieris brassicae)* und Kleiner Kohlweißling *(Pieris rapae)*

ERSCHEINUNGSBILD

Cotesia glomerata ist mit circa drei Millimetern relativ klein und wenig auffällig gefärbt. Die Fühler können länger als der Körper sein.

LEBENSWEISE

Das Weibchen der Brackwespe *Cotesia glomerata* legt seine Eier mit einem sehr kurzen Legebohrer überwiegend in Kohlweißlingsraupen des ersten Stadiums. Die Larven dieses Parasitoiden entwickeln sich innerhalb der Raupen, bis diese kurz vor der Verpuppung sind. Bis zu 60 *Cotesia*-Larven verzehren dann den Inhalt einer Raupe vollends, bohren sich durch die Haut nach außen und verpuppen sich in gelben Wattekokons dicht neben dem ausgehöhlten, verendeten Raupenkörper. Diese Verpuppungsgespinste werden fälschlicherweise auch als „Raupeneier" bezeichnet. Die letzte Generation von *Cotesia glomerata* überwintert als Puppe im Kokon.

BEDEUTUNG UND BESONDERHEITEN

Die Brackwespen sind oft stärker spezialisiert als die Echten Schlupfwespen. *Cotesia glomerata* ist ein bedeutender Gegenspieler des Großen und Kleinen Kohlweißlings. Die erste Kohlweißlingsgeneration wird noch relativ schwach parasitiert, später sind Raten von 80 % möglich.

SCHONUNG UND FÖRDERUNG

Parasitierte Raupen im fortgeschrittenen Stadium kann man daran erkennen, dass sie kleiner und schlaffer als ihre Geschwister aussehen. Sie sollten nicht mit diesen in den Kompost gelangen, sondern separat und geschützt abgelegt werden.

Foto: Klaus Schrameyer

Brackwespe

Foto: Klaus Schrameyer

Zahlreiche Larven der Brackwespe *Cotesia glomerata* neben dem ausgehöhlten, verendeten Körper einer Kohlweißlingslarve

10.11.2 BLATTLAUSSCHLUPFWESPEN

Die Blattlausschlupfwespen zählen zu den wichtigsten Gegenspielern der Blattläuse. Weltweit kommen etwa 400 verschiedene Arten vor. Während sich einige dieser Parasitoide auf einen einzigen Wirt spezialisiert haben, sind andere polyphag. Verschiedene Arten der Blattlausschlupfwespen werden zur biologischen Bekämpfung von Blattläusen im Gewächshaus angeboten. Als wichtige Vertreter der Blattlausschlupfwespen werden im Folgenden *Aphidius ervi* und *Diaeretiella rapae* vorgestellt.

BEISPIEL

Aphidius ervi

GEGEN

Blattläuse

ERSCHEINUNGSBILD

Blattlausschlupfwespen sind meist schwarz gefärbt und besitzen einen sehr beweglichen Hinterleib. *Aphidius ervi* gehört mit drei bis fünf Millimetern Größe zu den relativ großen Blattlausschlupfwespen.

LEBENSWEISE

Ein Weibchen von *Aphidius ervi* kann in seinem etwa einwöchigen Leben über 200 Blattläuse parasitieren. Es legt mit einem Legestachel jeweils ein Ei ins Innere einer Blattlaus. Nach ein bis zwei Tagen schlüpft die Larve in der Blattlaus und frisst diese von innen heraus auf. Zunächst verzehrt sie die weniger lebenswichtigen Organe der Blattlaus, damit diese noch möglichst lange am Leben bleibt. Ist die Blattlaus vollständig leergefressen, verpuppt sich die Larve in der Blattlaushülle oder direkt darunter. Bei der Verpuppung der Larve entsteht die so genannte Blattlausmumie, die bei *Aphidius ervi* hellbraun gefärbt ist. Bei normalen Witterungsbedingungen schlüpft nach etwa ein bis zwei Wochen aus den Blattlausmumien eine neue Schlupfwespen-Generation.

BEDEUTUNG UND BESONDERHEITEN

Die Blattlausschlupfwespe *Aphidius ervi* ist insbesondere zur Bekämpfung der Gefleckten Kartoffelblattlaus (*Aulacorthum solani*), der Grünstreifigen Kartoffelblattlaus (*Macrosiphum euphorbiae*) sowie der Grünen Pfirsichblattlaus (*Myzus persicae*) geeignet.

SCHONUNG UND FÖRDERUNG

Die parasitierten Mumien an Ort und Stelle belassen. Die Blattläuse sollten, wenn überhaupt, mit selektiven Mitteln bekämpft werden. Ein vielfältiger Garten mit vielen Blütenpflanzen als Nahrungsquelle für die erwachsenen Tiere trägt zusätzlich zur Förderung der Blattlausschlupfwespen bei.

Foto: Klaus Schrameyer

Angriff der Blattlausschlupfwespe *Aphidius ervi* auf eine Blattlaus

BEISPIEL

Diaeretiella rapae

GEGEN

Mehlige Kohlblattlaus *(Brevicoryne brassicae)* und Grüne Pfirsichblattlaus *(Myzus persicae)*

ERSCHEINUNGSBILD

Blattlausschlupfwespen wie *Diaeretiella rapae* sind meist schwarz gefärbt und besitzen einen sehr beweglichen Hinterleib. *Diaeretiella rapae* ist etwa drei Millimeter groß.

LEBENSWEISE

Da sich *Diaeretiella rapae* auf die Parasitierung von Blattläusen auf Kohlpflanzen spezialisiert hat, wird sie nicht nur durch die Blattläuse selbst, sondern auch durch Duftstoffe der Kohlpflanzen angelockt. Die Entwicklung dieser Schlupfwespenart verläuft ähnlich der von *Aphidius ervi*. Die Mumien der von *Diaeretiella rapae* parasitierten Blattläuse sind hellbraun.

BEDEUTUNG UND BESONDERHEITEN

Diaeretiella rapae gilt als einer der Hauptgegenspieler der Mehligen Kohlblattlaus. Sie ist nahezu in jeder Kolonie des Schädlings zu finden. Daneben werden aber auch andere an Kohl vorkommende Blattlausarten wie die Grüne Pfirsichblattlaus (*Myzus persicae*) parasitiert.

SCHONUNG UND FÖRDERUNG

Man kann Blätter mit Blattlausmumien im Herbst sammeln und geschützt überwintern, um die Ansiedlung von *Diaeretiella rapae* zu unterstützen.

Blattlausschlupfwespe *Diaeretiella rapae* (rechts) neben einer Blattlaus

Mumien der Mehligen Kohlblattlaus nach Parasitierung durch die Blattlausschlupfwespe *Diaeretiella rapae*

ECHTE SCHLUPFWESPEN 10.11.3

Die Familie der Echten Schlupfwespen ist die umfangreichste Familie der Hautflügler mit über 60.000 Arten weltweit, davon 4.000 in Mitteleuropa. Im Folgenden wird beispielhaft eine im Garten wichtige Art beschrieben.

BEISPIEL

Itoplectis alternans

GEGEN

zahlreiche Wickler- und Gespinstmotten

ERSCHEINUNGSBILD

Weibchen haben eine mittlere Körperlänge von sieben Millimetern. Die Körpergröße kann je nach Größe des Wirtes jedoch stark variieren. Der Legebohrer des Weibchens misst etwa ein Viertel der Körperlänge.

LEBENSWEISE

Die Weibchen des Parasitoiden *Itoplectis alternans* legen ihre Eier mit einem Legebohrer in ihre Wirtstiere. Sie bevorzugen Puppen von Schmetterlingen, unter anderem von Wicklern und Gespinstmotten. Nach wenigen Tagen schlüpfen dann die Larven und verzehren die inneren Fettreserven und Organe des Wirtes. Die Verpuppung kann in der Larven- oder Puppenhaut des Wirtstieres erfolgen sowie in einem eigenen Kokon außerhalb.

BEDEUTUNG UND BESONDERHEITEN

Itoplectis alternans parasitiert vor allem das Puppenstadium von Schädlingen im Obstbau und an Ziergehölzen. Unter günstigen Bedingungen kann ein Weibchen bis zu 150 Puppen vernichten. Es entwickelt sich immer nur eine Schlupfwespe je Schmetterlingspuppe.

SCHONUNG UND FÖRDERUNG

Itoplectis und andere Echte Schlupfwespen besuchen als Imago die Blüten von Doldengewächsen, um Nektar aufzunehmen. Um sie zu schützen, sollte man daher doldenblütige Wildpflanzen im Garten fördern und auf breitwirksame Pflanzenschutzmittel verzichten.

Foto: Frithjof Kohl

Echte Schlupfwespe

ZWEIFLÜGLER (MÜCKEN UND FLIEGEN) 10.12

Die Zweiflügler (Diptera) sind mit 16 % nach den Hautflüglern die zweitgrößte Tiergruppe in Deutschland. Wie der Name schon sagt, besitzen sie nur ein paar Flügel. Das zweite ist zu Steuerungsorganen umgebildet. Im Folgenden werden zwei räuberische Arten aus der Familie der Gallmücken sowie sechs bedeutende Vertreter aus Familien bzw. Unterfamilien der Fliegen beschrieben.

(RÄUBERISCHE) GALLMÜCKEN 10.12.1

Die meisten Vertreter der Gallmücken erzeugen Pflanzengallen oder Verdickungen an Pflanzen und sind teils bedeutende Schädlinge (zum Beispiel die Kohldrehherzmücke), einige andere leben aber räuberisch.

BEISPIEL

Räuberische Gallmücke *Aphidoletes aphidimyza*

GEGEN

Blattläuse

ERSCHEINUNGSBILD

Die nur zwei Millimeter lange, graue Mücke ist nachtaktiv und wird daher nur selten wahrgenommen. Die Weibchen haben einen rötlichen Hinterleib.

LEBENSWEISE

Tagsüber hält sich die Räuberische Gallmücke häufig in dunklen Bereichen in Spinnennetzen auf. Das Weibchen lebt je nach Ernährung eine Woche bis zu 14 Tage und legt in dieser Zeit ungefähr 100 Eier direkt in die Blattlauskolonien ab. Das rötliche, stäbchenförmige Ei ist 0,3 Millimeter lang und zwischen den Läusen mittels Lupe gut zu erkennen. Haben sich in mehreren Generationen zahlreiche Mücken entwickelt, werden sogar einzelne Läuse direkt mit Eiern belegt. Schon nach wenigen Tagen schlüpft die Larve aus dem Ei und beginnt sofort die Blattläuse auszusaugen.
Mit ihrem Mundhaken sticht sie die um ein mehrfaches größere Blattlaus an, injiziert ein Lähmungsgift und saugt die Beute aus. Eine Mückenlarve verzehrt mehr als 50 Blattläuse, bis sie sich nach fünf bis zwölf Tagen zur Verpuppung in den Boden

begibt. Sie spinnt einen mit Bodenteilchen durchsetzten Kokon, in dem sie entweder überwintert oder während der Saison nach einer Verwandlungsruhe von circa 14 Tagen eine neue Generation gründet.

BEDEUTUNG UND BESONDERHEITEN

Durch die starke Vermehrung in mehreren Generationen jährlich und die große Verzehrleistung ist *Aphidoletes aphidimyza* ein sehr wirksamer Gegenspieler von Blattläusen. Sie wird daher gezüchtet und im Gartenbau gezielt in Gewächshäusern eingesetzt.

Bei Nahrungsmangel können sich die Larven vorzeitig verpuppen. Nach dieser Notverpuppung entstehen allerdings kleinere Gallmücken, die eine geringere biologische Leistung aufweisen.

SCHONUNG UND FÖRDERUNG

Um die Larven bei der Überwinterung nicht zu stören, sollte der Boden nur flach bearbeitet und nicht gewendet werden. Geringer Blattlausbefall sollte toleriert oder nur dann bekämpft werden, wenn hoher Schaden zu erwarten ist.

Foto: Klaus Schrameyer

Die Weibchen der Räuberischen Gallmücke legen ihre Eier direkt in die Kolonien der Blattläuse.

Foto: Martin Hommes

Larve der Räuberischen Gallmücke beim Aussaugen einer Blattlaus

Foto: Klaus Schrameyer

Die stäbchenförmigen Eier von *Aphidoletes aphidimyza* sind etwa 0,3 Millimeter lang.

BEISPIEL

Spinnmilbenfressende Gallmücke *Feltiella acarisuga*

GEGEN

Spinnmilben

ERSCHEINUNGSBILD

Die spinnmilbenfressende Gallmücke ist mit knapp zwei Millimetern etwas kleiner als die blattlausfressende Räuberische Gallmücke. Sie ist rötlichbraun gefärbt und sehr feingliedrig mit langen Beinen und Fühlern. Da sie nachtaktiv ist, sieht man sie nur selten. Die Eier sind gelb, die räuberischen Larven gelblich orangebraun, 0,5 bis einen Millimeter lang und selbst an behaarten Pflanzen sehr mobil.

LEBENSWEISE

Auch in Habitus und Entwicklung ähnelt *Feltiella acarisuga* der Räuberischen Gallmücke *Aphidoletes aphidimyza*. Ein wesentlicher Unterschied besteht aber in der Art der Verpuppung. Die Spinnmilbenfressende Gallmücke verlässt das Blatt und damit die Umgebung der Beute nicht, sondern die Larve spinnt in einem Winkel, zum Beispiel an der Blattader, ein Verpuppungsgespinst. Als fast zwei Millimeter großes weißes Fleckchen ist sie dort gut zu erkennen. Nach zwei Wochen hat sich die Puppe weitgehend entwickelt. Sie schiebt sich dann fast vollständig aus dem Gespinst, danach schlüpft die Mücke aus der Puppe. Sie legt ihre Eier direkt in die Kolonien der Spinnmilben, kleine hellorangefarbene Stäbchen, aus denen nach wenigen Tagen die Larven schlüpfen. Zunächst sind sie deutlich kleiner als ihre Beutetiere, sie töten die Milben mit einer lähmenden Injektion und saugen sie aus. Die Larven bevorzugen Eier und Larven der Spinnmilben. Die erwachsenen Larven der Gallmücke sind hellorange mit weißlichem Seitenstreifen. Reicht die Beute zur vollständigen Entwicklung nicht aus, springen die Larven auf benachbarte Blätter über, um dort weitere Spinnmilben zu erreichen. Sie können sich wie die Räuberischen Gallmücken notverpuppen.

BEDEUTUNG UND BESONDERHEITEN

Feltiella acarisuga alleine kann einen Spinnmilbenschaden nicht verhindern. In Zusammenarbeit mit anderen Gegenspielern ist sie jedoch sehr nützlich und wichtig.

Bei Temperaturen von über 8 °C, zum Beispiel in geschützten Räumen, durchläuft *Feltiella acarisuga* keine Winterruhe.

SCHONUNG UND FÖRDERUNG

Laub nicht vollständig kompostieren, sondern in Hecken und Rabatten belassen, da sonst die Überwinterungskokons zerstört werden.

Foto: Klaus Schrameyer

Imago der Gallmücke gegen Spinnmilben

Foto: Klaus Schrameyer

Larve von *Feltiella acarisuga* beim Aussaugen einer Spinnmilbe

Foto: Klaus Schrameyer

Puppe der Gallmücke gegen Spinnmilben

SCHNEPFENFLIEGEN

Die Schnepfenfliegen (Rhagionidae) sind eine kleine Fliegenfamilie mit in Deutschland nur 35 Arten. Die hierzulande am häufigsten zu findende Art ist die Gemeine Schnepfenfliege *Rhagio scolopaceus*.

BEISPIEL

Gemeine Schnepfenfliege *Rhagio scolopaceus*

GEGEN

Insekten

ERSCHEINUNGSBILD

Meist sind die Schnepfenfliegen am gelblichen Hinterleib dunkel gezeichnet, auch die Flügel sind dunkel gefleckt. Die Körperlänge liegt bei den meisten Arten bei etwa einem Zentimeter.

LEBENSWEISE

Die Larven von *Rhagio scolopaceus* ernähren sich von Insektenlarven im Boden oder unter der Laubstreu auf der Bodenoberfläche. Bevorzugt werden allerdings Regenwürmer. Die Lebensweise der erwachsenen Fliegen ist nicht vollständig bekannt. Neben kleinen Insekten nehmen sie auch Nektar und Wasser auf. Man findet die Fliegen oft an Baumstämmen in einer charakteristischen Haltung: den Kopf abwärts gerichtet, wie in Lauerstellung.

BEDEUTUNG UND BESONDERHEITEN

Als Nützlinge sind die Schnepfenfliegen lediglich eine Ergänzung zu anderen Räubern. In der Nähe von Gewässern (Gartenteich) siedeln sich Schnepfenfliegen besonders gerne an.

SCHONUNG UND FÖRDERUNG

Foto: Klaus Schrameyer

Ruhezonen im Garten, Mulch- und Laubschichten sollten ganzjährig belassen werden, um ein ständiges Beuteangebot zu sichern und ausreichende Feuchtigkeit zu bieten.

Gemeine Schnepfenfliege
Rhagio scolopaceus

10.12.3 SCHWEBFLIEGEN

In Deutschland gibt es etwa 350 Arten von Schwebfliegen (Syrphidae). Am häufigsten im Garten anzutreffen sind die drei Arten Hainschwebfliege (*Episyrphus balteatus*), Große Schwebfliege (*Syrphus ribesii*) und Gemeine Feldschwebfliege (*Eupeodes corollae*).

BEISPIELE

Hainschwebfliege *(Episyrphus balteatus)*, Große Schwebfliege *(Syrphus ribesii)* und Gemeine Feldschwebfliege *(Eupeodes corollae)*

GEGEN

Blattläuse

ERSCHEINUNGSBILD

Schwebfliegen werden häufig mit Wespen verwechselt. Im Gegensatz zu diesen besitzen sie aber nur ein Paar Flügel. Schwebfliegen sind sehr geschickte Flieger; sie können wie ein Hubschrauber in der Luft stehen bleiben und plötzlich ihre Flugrichtung ändern. Typisches Erkennungsmerkmal sind ihre großen Augen. Ihre Flügelspannweite reicht von sieben bis 35 Millimeter.

LEBENSWEISE

Die erwachsenen Tiere können häufig in der Nähe von blühenden Pflanzen beobachtet werden. Sie ernähren sich dort überwiegend von Pollen und Nektar und sind wichtige Blütenbestäuber. Die Weibchen der Arten, deren Larven Blattläuse vertilgen, legen ihre weißlichen Eier in die Nähe oder direkt in die Kolonien von Blattläusen ab. Die aus den Eiern schlüpfenden Larven beginnen gleich, die Blattläuse zu verzehren. Eine Larve kann bis zu 500 Blattläuse vertilgen. Da sich die Larven unter günstigen Bedingungen in nur ein bis zwei Wochen entwickeln, können sie innerhalb von wenigen Tagen eine Blattlauskolonie vernichten. Die Verpuppung findet meist in der Nähe der Beute statt. Je nach Schwebfliegenart treten eine bis mehrere Generationen pro Jahr auf.

BEDEUTUNG UND BESONDERHEITEN

Als Vertilger von Blattläusen sind viele Schwebfliegenarten außerordentlich nützlich. Eier und Larven einiger Arten sind zur biologischen Bekämpfung von Blattläusen im Handel erhältlich.
Die meisten Schwebfliegenarten haben ein wespen-, hummel- oder bienenähnliches Aussehen. Diese Tarnung soll den Besitz eines Stachels vortäuschen und dient somit zur Abschreckung von Fressfeinden. Einige andere Schwebfliegenarten (zum Beispiel die Narzissenfliege) sind Pflanzenschädlinge.

SCHONUNG UND FÖRDERUNG

Foto: Klaus Schrameyer

Blattlauskolonien sollten nur dann bekämpft werden, wenn dies unbedingt erforderlich ist. Breitwirksame Pflanzenschutzmittel vermeiden. Ein breites Angebot verschiedener (nicht gefüllt blühender) Blütenpflanzen lockt Schwebfliegen an und bietet ihnen reichlich Pollen und Nektar.

Hainschwebfliege

Foto: Klaus Schrameyer

Larve von *Episyrphus balteatus*

Foto: Klaus Schrameyer

Puppe von *Episyrphus balteatus*

10.12.4 RAUBFLIEGEN (Coenosiinae)

Die deutsche Bezeichnung „Raubfliegen" ist nicht eindeutig. Damit werden zum einen Angehörige der Familie Asilidae, zum anderen aber auch räuberische Arten der Muscidae bezeichnet. Letztere (Unterfamilie Coenosiinae) werden hier behandelt.

GEGEN

Trauermückenlarven, kleine Würmer, Minierfliegen, Mücken, Weiße Fliegen, Zikaden

ERSCHEINUNGSBILD

Mit drei bis sieben Millimetern Körperlänge sind die eng mit den Stubenfliegen verwandten Raubfliegen eher unscheinbar. Auch durch die Färbung, überwiegend grau bis schwarz mit wenigen Flecken oder Zeichnungen, fallen sie kaum auf. Sie erinnern eher an besonders klein geratene Stubenfliegen.

LEBENSWEISE

Die Biologie der Raubfliegenarten ist noch weitgehend unbekannt. Die Eiablage erfolgt im Boden, dort ernähren sich die Larven von den Maden der Trauermücken oder kleinerer Wurmarten. Nach zwei bis drei Wochen verpuppen sich die Larven im Boden. Die Fliegen schlüpfen nach weiteren zwei Wochen. Die erwachsene Raubfliege hält sich gern auf Blättern und Triebspitzen auf, um von dort Kleininsekten nachzujagen. Diese tötet sie nach der Rückkehr auf dem „Ansitz" und saugt sie aus. Sie erbeutet unter anderem schädliche Minierfliegen, Mücken, Weiße Fliegen und Zikaden.

BEDEUTUNG UND BESONDERHEITEN

Nur wenige andere Nützlinge können die schnellen erwachsenen Minierfliegen, Mücken, Weißen Fliegen und Zikaden erbeuten. Dadurch sind die Raubfliegen eine wichtige Ergänzung im Nützlingsspektrum.

SCHONUNG UND FÖRDERUNG

Man kann durch eine Flächenkompostierung und in den Boden gemischte Pflanzenabfälle die Ansiedlung der Beutetiere für Larven der Raubfliegen fördern. Bodenverdichtungen und Verschlämmungen vermeiden.

Foto: Klaus Schrameyer

Raubfliege

10.12.5 RAUPENFLIEGEN

Die Familie der Raupenfliegen (Tachinidae) umfasst in Deutschland 494 Arten. Alle Raupenfliegen sind leistungsstarke Nützlinge. Beispielhaft werden im Folgenden die Raupenfliegenarten *Cyzenis albicans* und *Tachina fera* (Igelfliege) vorgestellt.

BEISPIEL

Cyzenis albicans

GEGEN

Frostspannerraupen

ERSCHEINUNGSBILD

Die schwarze, vier bis sieben Millimeter große Raupenfliege *Cyzenis albicans* ist ein spezialisierter Parasitoid des Frostspanners. Diese Fliegen sind der Stubenfliege ähnlich, haben aber meist auffälligere Borsten. Die meisten Arten sind überwiegend schwarz gefärbt, mit grauen oder silbrigen Flecken, manchmal auch braun oder teilweise rötlich.

LEBENSWEISE

Cyzenis albicans legt bis zu 2.000 hartschalige, sehr kleine Eier auf Blättern ab. Die Frostspannerraupe nimmt beim Blattfraß eine oder mehrere dieser Eier unzerstört auf und entwickelt sich weiter bis zur Verpuppung. Erst danach schlüpft die Raupenfliegenmade aus dem Ei, verzehrt den Puppeninhalt ihres Wirtes und überwintert ihrerseits als Puppe innerhalb der Wirtspuppe. Hat die Raupe mehrere *Cyzenis*-Eier gefressen, entwickelt sich jedoch immer nur eine Raupenfliegenmade. Es entsteht eine Generation im Jahr.

BEDEUTUNG UND BESONDERHEITEN

In Obstanlagen werden über 60 % der Frostspannerraupen von *Cyzenis albicans* parasitiert. Ähnlich hohe Leistungen sind auch von anderen Raupenfliegen bekannt. Mit nur einer Generation im Jahr ist diese Raupenfliege vollständig an ihren Wirt angepasst.

SCHONUNG UND FÖRDERUNG

Foto: James Lindsey

Nützlingsschonende Pflanzenschutzmittel einsetzen. Geringer Frostspannerraupenbefall sollte geduldet werden.

Raupenfliege *Cyzenis albicans*

BEISPIEL

Igelfliege *Tachina fera*

GEGEN

Schmetterlingsarten

ERSCHEINUNGSBILD

Den schwarzen, starken und dornartigen Borsten am gelben Hinterleib verdankt diese große und recht häufige Raupenfliege ihren Namen.

LEBENSWEISE

Die Igelfliege ist oft auf Blüten zu finden und kann mit ihrem verhältnismäßig langen Rüssel auch den Nektar in tieferen Blütenkelchen erreichen. Die Eiablage dieser Parasitoide erfolgt frei auf dem Blatt. Die Larve sucht eine Schmetterlingsraupe in ihrer Umgebung und bohrt sich darin ein. In Mitteleuropa entstehen zwei Generationen von Ende April bis Mitte Oktober.

BEDEUTUNG UND BESONDERHEITEN

Die Igelfliege ist weniger spezialisiert als die Raupenfliege *Cyzenis albicans* und parasitiert Raupen zahlreicher Schmetterlingsarten, darunter auch Schädlinge, vor allem aus der Familie der Eulen. Auch in zweiter Generation werden noch hohe Parasitierungsraten erreicht. So können spät auftretende Schädlinge und Raupen verschiedener großer Schädlingsarten parasitiert werden.
Tachina fera gehört durch ihre Größe und Färbung zu den schöneren Arten dieser ansonsten recht unscheinbaren Fliegenfamilie.

SCHONUNG UND FÖRDERUNG

Ein reichhaltiges Blütenangebot lockt die Fliege in den Garten.

Foto: Frithjof Kohl

Igelfliege

Amphibien

Amphibien bilden die älteste Klasse der Wirbeltiere, deren gemeinsames Merkmal ein Innenskelett mit einer Wirbelsäule ist. Die Amphibien sind in Deutschland mit 20 Arten vertreten, die nach Schwanzlurchen und Froschlurchen geordnet sind. Von beiden Gruppen wird im Folgenden ein Beispiel beschrieben: von den Schwanzlurchen ein Molch und von den Froschlurchen eine Kröte. Amphibien sind wechselwarm mit einer nackten Haut. Die Eier bzw. lebendgeborenen Jungen entwickeln sich im Wasser. Sie fressen Würmer, Schnecken und Gliedertiere.

MOLCHE

11.1

In Deutschland treten vier verschiedene Molcharten auf: Berg-, Faden-, Kamm- und Teichmolch. Alle sind durch das Vertilgen von schädlichen Kleinlebewesen sehr nützlich. In tieferen Lagen bis 400 Meter ist der im Folgenden dargestellte Teichmolch am häufigsten anzutreffen.

BEISPIEL

Teichmolch *Triturus vulgaris*

GEGEN

kleine wirbellose Tiere wie Insekten, Würmer und Schnecken

ERSCHEINUNGSBILD

Die erwachsenen Teichmolche werden bis zu elf Zentimeter groß. Sie besitzen eine glatte, hellbraune Haut mit Punkten. Die Bauchunterseite ist bei beiden Geschlechtern in der Mitte orangerot gefärbt und ebenfalls mit dunklen Flecken versehen. Die Männchen tragen im Frühjahr, wenn sie sich überwiegend im Wasser aufhalten, einen hohen, durchgehenden, leicht gewellten Rückenkamm („Wassertracht“).

LEBENSWEISE

Teichmolche überwintern meist an Land an geschützten Stellen in Gewässernähe. Gelegentlich suchen sie auch bereits im Herbst ihre Fortpflanzungsgewässer auf und überwintern dort. Die Laichzeit reicht von März bis Juni. Jedes Weibchen faltet etwa 100 bis 300, circa einen bis zwei Millimeter große Eier einzeln in Blättchen von Wasserpflanzen ein. Die Entwicklung vom Ei bis zur Larve dauert etwa ein bis zwei Wochen. Beim Schlupf sind die Larven zwischen sechs und zehn Millimeter lang und wachsen auf bis zu 40 Millimeter heran. Sie halten sich meist am Teichboden auf und ernähren sich dort vorwiegend von kleinen wirbellosen Lebewesen wie Wasserflöhen oder Zuckmückenlarven. Ab Anfang Juli ist die Verwandlung zum Molch abgeschlossen und die Jungmolche verlassen ihr Gewässer und leben an Land weiter. Die Geschlechtsreife wird gewöhnlich nach zwei bis drei Jahren erreicht. Molche sind wie Kröten überwiegend nachtaktiv.

BEDEUTUNG UND BESONDERHEITEN

Teichmolche sind meist nur dann im Garten zu finden, wenn ein Teich in der Nähe ist. Der Teichmolch ist sehr anpassungsfähig. Als Laichgewässer werden alle Arten von stehenden und langsam fließenden Kleingewässern genutzt. Besonnte, wasserpflanzenreiche Gewässer werden bevorzugt. An Land besiedelt der Teichmolch geeignete Lebensräume bis zu einer Entfernung von 500 Metern zum Laichgewässer.

SCHONUNG UND FÖRDERUNG

Die Ansiedlung kann durch naturnahe Gartenteiche mit Pflanzenbewuchs gefördert werden. Darüber hinaus sollte man für ausreichende Unterschlupfmöglichkeiten (zum Beispiel Stein- oder Totholzhaufen) sorgen.

Foto: Martin Hommes

Teichmolch

KRÖTEN

In Deutschland gibt es drei echte Krötenarten: Erd-, Kreuz- und Wechselkröte. Alle drei Arten vertilgen Schnecken und andere schädliche Kleinlebewesen und sind dadurch sehr nützlich. Die im Folgenden vorgestellte Erdkröte (*Bufo bufo*) ist die hierzulande am häufigsten vorkommende Krötenart.

BEISPIEL

Erdkröte *Bufo bufo*

GEGEN

kleine wirbellose Tiere wie Asseln, Käfer, Ameisen, Schnecken

ERSCHEINUNGSBILD

Erdkröten erreichen eine Größe von bis zu elf Zentimeter und sind von plumper Gestalt. Sie besitzen einen relativ breiten Kopf und waagerechte Pupillen mit einer kupferfarbenen bis goldenen Iris. Die Körperfärbung ist sehr variabel, wobei bräunliche, graue und gelbliche Farbtöne überwiegen. Die Haut der Erdkröten ist relativ trocken und von einer Vielzahl größerer Warzen besetzt.

LEBENSWEISE

Erdkröten überwintern als wechselwarme Tiere in tieferen Bodenschichten. Sobald ab Mitte Februar die Temperaturen ansteigen und es feucht genug ist, beginnen die Tiere bei Anbruch der Dämmerung ihre Laichgewässer aufzusuchen. Bei günstigen Witterungsbedingungen (warm und feucht) kann es zu Massenwanderungen kommen, so dass Straßen gesperrt werden müssen. Jedes Weibchen legt 3.000 bis 8.000 Eier in drei bis fünf Meter langen, doppelten Laichschnüren an Wasserpflanzen oder Gegenständen ab. Die Embryonalentwicklung vom Ei bis zur Larve dauert bei der Erdkröte etwa zwei bis drei Wochen. Die schwarzen Larven (Kaulquappen) sind anfangs zwischen zwei und drei Millimeter groß und erreichen am Ende eine Gesamtlänge von circa 40 Millimetern. Die Kaulquappen ernähren sich überwiegend von Algen. Am Ende ihrer Entwicklung verwandeln sich die Kaulquappen zu kleinen Kröten und verlassen meist in den Sommermonaten das Laichgewässer. Geschlechtsreif werden sie erst nach einigen Jahren. Die Kröten sind überwiegend nachtaktiv.

BEDEUTUNG UND BESONDERHEITEN

Die Erdkröte ist sehr anpassungsfähig und überall dort anzutreffen, wo ein Laichgewässer zur Verfügung steht. Wie alle Kröten frisst die Erdkröte Schnecken und andere schädliche Kleinlebewesen.

Die Erdkröten sind außerordentlich laichplatztreu, das heißt sie suchen zur Fortpflanzung das Gewässer auf, in dem ihre eigene Larvenentwicklung stattgefunden hat.

SCHONUNG UND FÖRDERUNG

Ein naturnaher Gartenteich mit Pflanzenbewuchs ermöglicht die Ansiedlung von Kröten. Stein- oder Totholzhaufen bieten den Kröten Unterschlupf.

Foto: Dr. Martin Hommes

Erdkröte

Foto: Walter Wimmer

Laichschnur der Erdkröte

Reptilien

Bei dieser Klasse handelt es sich um wechselwarme Tiere mit trockener, drüsenarmer Haut, die mit Schuppen und Schildern bedeckt ist. Zu den Reptilien gehören in Mitteleuropa 15 Arten, gegliedert in Schildkröten, Echsen und Schlangen. Im Garten kann man sich am ehesten über Eidechsen freuen.

EIDECHSEN

12.1

BEISPIEL

Zauneidechse *Lacerta agilis*

GEGEN

Schmetterlinge, Käfer, Wanzen, Zikaden, Fliegen, seltener Schnecken und Würmer

ERSCHEINUNGSBILD

Die Zauneidechse wird bis zu 25 Zentimeter lang und hat eine gedrungene, kräftige Gestalt. Der Kopf ist verhältnismäßig kurz mit stumpfer Schnauze. Der Schwanz wird nicht viel länger als der Körper. Zauneidechsen besitzen eine braune Grundfarbe mit hellen Rückenstreifen und einem sehr variablen Muster. Die Männchen zeigen während der Paarungszeit leuchtend grüne Flanken und eine grüne Kehle.

LEBENSWEISE

Im Frühjahr verlassen zuerst die Männchen und Jungtiere ihre Winterquartiere. Die Weibchen erscheinen etwa drei Wochen später. Die Paarungszeit beginnt gewöhnlich Ende April/Anfang Mai. Die Weibchen verbringen nach der Paarung viel Zeit in der Sonne, um eine rasche Entwicklung der Eier zu fördern. Die hartschaligen Eier – meist vier bis 15 – werden zwischen Ende Mai und Anfang August in selbst gegrabenen Höhlen an offenen und sonnigen Plätzen in vier bis zwölf Zentimeter Tiefe abgelegt. Sie haben eine Größe von zehn bis 15 Millimetern. Die Entwicklung der Gelege hängt sehr stark von der Temperatur ab und dauert 30 bis 100 Tage. Unter günstigen Bedingungen können ab Ende Juli die ersten kleinen Zauneidechsen beobachtet werden. Die geschlüpften Zauneidechsen wiegen nur etwa 0,5 Gramm und sind etwa fünf Zentimeter lang. Sobald die Tiere genügend Energiereserven angelegt haben, suchen sie ab Ende August die Winterquartiere auf.

BEDEUTUNG UND BESONDERHEITEN

Zauneidechsen vertilgen viele Schädlinge wie Kohlweißlinge und Gemüsefliegen. Leider sind sie in Gärten nur selten anzutreffen.

Während der Paarungszeit lassen sich die ansonsten sehr scheuen Tiere gut beobachten.

SCHONUNG UND FÖRDERUNG

Findet die Zauneidechse geeignete Lebensbedingungen, kann sie sich auch in Gärten ansiedeln. Hierzu benötigt sie eine nicht zu dicht geschlossene Vegetationsschicht, einige Sonnenplätze, zum Beispiel eine Steinmauer oder einen Baumstumpf, um ihren Körper aufzuheizen, Unterschlupfmöglichkeiten wie Stein- oder Reisighaufen sowie lockeren Boden für die Eiablage.

Foto: Peter Meyer, aid

Ausgewachsene Zauneidechse *Lacerta agilis*

Vögel

Aus der Klasse der Vögel wird im Folgenden je ein Vertreter von vier Ordnungen beschrieben, die im Garten Bedeutung haben können: Greifvögel, Eulen, Spechte und Sperlingsvögel.

GREIFVÖGEL

BEISPIEL

Turmfalke *Falco tinnunculus*

GEGEN

Kleinnager, Insekten und Weichtiere

ERSCHEINUNGSBILD

Mit einer Flügelspannweite von 68 bis 82 Zentimetern gehört der Turmfalke zu den kleineren Falkenarten. Turmfalken sind überwiegend rotbraun gefärbt, haben einen relativ langen Schwanz und besitzen mit ihren schmalen, spitzen Flügeln ein typisches Falkenprofil. Männchen besitzen einen blaugrauen Kopf und Schwanz. Beim so genannten Rüttelflug bleibt der Falke in einer Höhe von circa zehn bis 30 Metern an einer Stelle in der Luft stehen, schlägt schnell mit den Flügeln und späht nach Beute aus. Dann stürzt er im Sturzflug auf sie hinab. Leider bleiben auch Kleinvögel nicht verschont.

LEBENSWEISE

Bei ausreichendem Nahrungsangebot bleibt der Turmfalke über Winter in seinem Brutrevier. Ist jedoch nicht genügend Nahrung vorhanden, wandert er bis nach Südeuropa oder Afrika und kehrt erst ab Anfang März wieder zurück. Der Turmfalke übernimmt meist einen Horst von anderen Vogelarten, zum Beispiel von Krähen, er nistet jedoch auch auf Felsvorsprüngen oder Nischen an hohen Gebäuden. Die Eiablage erfolgt hierzulande ab Mitte April. Meist befinden sich drei bis sechs Eier im Nest. Die Brut dauert knapp einen Monat. Die Zeit zwischen dem Schlüpfen aus dem Ei und dem Verlassen des Nestes (Nestlingsdauer) schwankt zwischen 27 und 32 Tagen.

BEDEUTUNG UND BESONDERHEITEN

Der Turmfalke ist neben dem Mäusebussard einer der häufigsten Greifvögel in Deutschland und kommt insbesondere im Siedlungsbereich sehr zahlreich vor. Er vertilgt schädliche Nagetiere, insbesondere Mäuse.

Aufgrund seines charakteristischen Rüttelflugs wird er auch als „Rüttelfalke" bezeichnet. Der Name Turmfalke weist darauf hin, dass er gerne hohe Gebäude, insbesondere Kirchtürme, als Brutplatz benutzt.

SCHONUNG UND FÖRDERUNG

Die Ansiedlung von Turmfalken kann durch Nistkästen und durch das Öffnen von Luken in Kirchtürmen und anderen hohen Gebäuden gefördert werden.

Foto: Oliver Richter

Turmfalke

EULEN

BEISPIEL

Waldohreule *Asio otus*

GEGEN

Kleinnager und Insekten

ERSCHEINUNGSBILD

Die Waldohreule ist etwa krähengroß, von relativ schlankem Körperbau und besitzt als arttypisches Kennzeichen lange Federohren. Die Oberseite des Gefieders ist dunkelbraun und rindenähnlich marmoriert, während die Unterseite mehr gelblich gefärbt ist und dunkle Längsstreifen sowie eine feine Querbänderung aufweist. Die Flügelspannweite liegt bei etwa 95 Zentimetern.

LEBENSWEISE

Die Waldohreule ist wie die meisten Eulen überwiegend dämmerungs- und nachtaktiv. Sie lebt in der Regel als Standvogel, der sein Revier nur bei Nahrungsmangel verlässt. Als Nester nutzt sie gerne Horste von Rabenkrähen, Elstern, Tauben oder Greifvögeln. Bei ausreichendem Nahrungsangebot kann die Eiablage bereits ab Anfang März stattfinden, gewöhnlich jedoch erst im April. Unter ungünstigen Umständen fällt die Brut ganz aus. In der Regel legt die Eule vier bis fünf weiße Eier. Die Brut dauert etwa 28 Tage. Die jungen Eulen können noch nicht richtig fliegen, wenn sie nach etwa 20 Tagen ihr Nest verlassen und klettern auf den benachbarten Zweigen herum. Voll flugfähig sind sie erst 14 Tage später. Sie vertilgen bevorzugt kleine Wühlmäuse, zum Beispiel Feldmäuse. Diese machen über 80 % der Beutetiere aus, daneben fressen sie auch größere Insekten und Kleinvögel.

BEDEUTUNG UND BESONDERHEITEN

Die Waldohreule ist neben dem Waldkauz (*Strix aluco*) hierzulande eine der am häufigsten vorkommenden Eulen. Sie ist sehr nützlich, da eine Waldohreule etwa 1.000 Feldmäuse pro Jahr vertilgt. Im Winter kommt es gelegentlich zu größeren Ansammlungen an bestimmten Orten. Die hierbei aufgesuchten „Schlafbäume" werden mitunter über viele Jahrzehnte genutzt. Waldohreulen werden häufig durch das nächtliche, viele Wochen anhaltende Fiepen der jungen Eulen bemerkt.

SCHONUNG UND FÖRDERUNG

Foto: Alfred Trunk

Verlassene Nester, zum Beispiel von Krähen oder Elstern, sollten nicht entfernt werden, da sich in diesen Waldohreulen ansiedeln können. Auch mit künstlichen Nistkörben kann man die Ansiedlung fördern.

Ausgewachsene Waldohreule

SPECHTE

BEISPIEL

Buntspecht *Dendrocopos major*

GEGEN

Insekten, vor allem Raupen und andere Larven

ERSCHEINUNGSBILD

Der Specht ist etwas kleiner als eine Amsel. Typische Kennzeichen sind sein schwarzer Rücken mit großen weißen Schulterflecken, eine bis auf die roten Unterschwanzdecken grauweiße Unterseite sowie die am Kopf durchgehenden schwarzen Bart- und Ohrstreifen. Kopfoberseite und Nacken sind schwarz gefärbt, das Männchen trägt einen roten Nackenfleck.

LEBENSWEISE

Buntspechte legen ihre Bruthöhle bevorzugt in Stämmen und starken Ästen von Weichhölzern an. Sie brüten etwa ab Mitte April und legen in der Regel fünf bis sieben weiße Eier. Die Brutdauer ist mit zehn bis zwölf Tagen relativ kurz. Nach etwa 20 bis 23 Tagen werden die Jungen flügge. Im Sommer vertilgen sie vorwiegend Insekten. Im Winter ernähren sich die Buntspechte vor allem von fettreichen Samen der Nadelgehölze. Neben der pflanzlichen Nahrung fressen Buntspechte im Winter auch diverse Insektenarten, die sich zur Überwinterung in Rindenritzen verborgen haben wie die Larven oder Puppen des Apfelwicklers. Darüber hinaus ernährt sich der Buntspecht im Frühjahr auch gerne von austretendem Baumsaft, hierzu hackt er kleine Löcher im Abstand von drei bis fünf Zentimetern in die Baumrinde.

BEDEUTUNG UND BESONDERHEITEN

Der Buntspecht ist die hierzulande häufigste Spechtart. Er vertilgt schädliche Schmetterlingslarven und holzbewohnende Käfer und ist dadurch sehr nützlich. Buntspechte fallen durch ihr Trommeln und ihre typischen Laute auf, sie sind meist sehr standorttreu.
Um besser an die Samen in den Zapfen oder Nüssen heranzukommen, legt der Buntspecht so genannte Zapfen- oder

Spechtschmieden an. Dazu sucht er eine Vertiefung an einem Baumstamm oder legt selbst eine an, um Zapfen oder Nüsse so einzuklemmen, dass er die Samen leichter heraushacken kann. Am Fuße dieser Stellen finden sich dann zahlreiche leere Zapfen oder aufgehackte Nüsse.

SCHONUNG UND FÖRDERUNG

Foto: Peter Meyer, aid

Nisthöhlen anbringen. Zum Schutz der Brut können an Brutbäumen so genannte Katzenabwehrgürtel, die Katzen das Erklimmen von Baumstämmen unmöglich machen, angebracht werden. Abgestorbene Äste und Bäume von Weichhölzern stehen lassen.

Buntspecht

SPERLINGSVÖGEL

BEISPIEL

Kohlmeise *Parus major*

GEGEN

Apfelwickler-, Frostspanner- und andere Raupen, Blattläuse, Fliegen, Schildläuse, Schadschmetterlinge, Wanzen

ERSCHEINUNGSBILD

Die Familie der Meisen zählt zu den Sperlingsvögeln. Die Kohlmeise ist mit einer Größe von 14 Zentimetern die größte einheimische Meisenart. Oberkopf, Halsring und Kehle sind schwarz, Wangen beim Jungvogel gelblich, beim ausgewachsenen Vogel weiß gefärbt. Der Rücken ist grünlich, Flügel (mit weißem Streifen) und Schwanz sind blaugrau, der Bauch gelb mit einem mittigen schwarzen Längsstreifen. Männchen und Weibchen unterscheiden sich nicht.

LEBENSWEISE

Kohlmeisen besiedeln Wälder, Gehölze, Parks und Gärten und überwintern teilweise am Sommerstandort. Zum Teil wandern die Tiere aber auch bis nach Südeuropa. Die Kohlmeise brütet ein bis zwei Mal pro Jahr in der Zeit von April bis Juli und legt je drei bis maximal 16 Eier. Kohlmeisen fressen sowohl Insekten als auch ölhaltige Samen sowie Früchte. Im Sommer – vor allem bei der Versorgung der Jungvögel – überwiegen bei weitem die Insekten, im Winter die Samen und Früchte. Ein Kohlmeisenpaar, das ein- bis zweimal im Jahr Junge aufzieht, vertilgt während eines Jahres 35 bis 75 Kilogramm Insekten.

BEDEUTUNG UND BESONDERHEITEN

Bei Massenvermehrungen von Insekten fressen Kohlmeisen zwar bevorzugt diese Beutetiere, können deren Vermehrung dadurch aber nicht gezielt beeinflussen. Bedeutsam sind Meisen dagegen als regelmäßige Konsumenten von Schädlingen im Räubernetz. Einem intakten Räubernetz, das aus vielen natürlichen Gegenspielern von Schadinsekten wie Spinnen, Raubwanzen, Raubmilben, Vögeln usw. besteht, gelingt es durchaus, Massenvermehrungen von Insekten und Milben frühzeitig zu verhindern.

In Deutschland kommen Meisen wie die Kohlmeise in fast jedem Garten mit Baumbestand vor. Sie sind während des ganzen Jahres im Garten zu finden.

SCHONUNG UND FÖRDERUNG

Nistkästen im Garten und Park erlauben es den Meisen in der „kultivierten Landschaft" zu brüten. In Obstanlagen sollten bis zu acht Nistkästen je Hektar angebracht werden, in Kleingartenanlagen sollten mindestens 15 pro Hektar hängen.

Foto: Oliver Richter

Kohlmeise

Säugetiere

Zu dieser Klasse werden alle gleichwarmen Wirbeltiere gezählt, die lebendgebärend sind und ihre Brut mit dem Sekret der Milchdrüsen ernähren. In Deutschland gibt es circa 90 wildlebende Arten, die in acht Ordnungen unterteilt werden. Als Nützlinge im Garten sind vor allem Igel, Maulwurf, Spitzmäuse, Fledermäuse und Marder wichtig.

BEISPIEL

14.1

Braunbrustigel *Erinaceus europaeus*

GEGEN

Schnecken, Käfer, Raupen, Jungmäuse u. a.

ERSCHEINUNGSBILD

Die in Deutschland vorkommenden Igel haben eine braune Brust, werden bis zu 30 Zentimeter lang und tragen auf dem Rücken mehrere tausend glatte Stacheln. Wird ein Igel erschreckt oder fühlt er sich gefährdet, kann er sich dank seiner kräftigen Hautmuskulatur einrollen und dabei die Stacheln abspreizen.

LEBENSWEISE

Erinaceus europaeus ist dämmerungs- und nachtaktiv. Der Kulturfolger lässt sich vor allem von seinem ausgezeichneten Geruchssinn leiten und unternimmt weite Ausflüge in Gärten, Hecken und Gehölze. Die Größe eines Igelreviers schwankt zwischen 0,5 und fünf Hektar. Der Igel braucht viel Flüssigkeit. Nach der Paarung, die jährlich einmal (selten zweimal) zwischen März und Juli erfolgt, werden drei bis acht Junge mit weißen, weichen Stacheln geboren. Bei Temperaturen unter 10 °C beginnt der Winterschlaf in einem Moos-, Laub- oder Heunest am Boden. Dabei sollte er nicht gestört werden. Igel werden circa zehn Jahre alt.

BEDEUTUNG UND BESONDERHEITEN

Der Europäische Igel ist in Deutschland der einzige Vertreter seiner Familie (Erinaceidae). Er ist nützlich, da er Schnecken, junge Mäuse (auch Wühlmäuse) sowie Larven und Puppen frisst. Andererseits verursacht er aber auch Schaden, da er Regenwürmer sowie Eier und Nestjunge von am Boden lebenden Vogelarten vernichtet. Igel flüchten bei Gefahr nicht, sondern rollen sich an Ort und Stelle zusammen. Daher ist der autofahrende Mensch der größte Feind des Igels. Sonst hat er nur wenige Feinde wie Füchse, größere Greifvögel, Eulen und gelegentlich Marder (bei Jungtieren). Igel leiden aber stark an den verschiedenen Parasiten (Durchfallerreger, Bandwürmer, Milben u. a.), weshalb man sich nach Berührung eines Igels gründlich die Hände waschen sollte.

SCHONUNG UND FÖRDERUNG

Rücksicht nehmen beim nächtlichen Autofahren. In steil abfallende Gartenteiche und Schächte ein mit Maschendraht bespanntes Brett schräg hineinstellen, damit sich der Igel befreien kann. Verstricken in Netzen verhindern. Schneckenkorn mit dem Wirkstoff Methiocarb gefährdet Igel. Auch Schneckenkorn auf Basis von Metaldehyd kann die Aktivität des Igels beeinträchtigen. Trockene Laubhaufen an geschützter Stelle (nicht in Mulden) zur Überwinterung belassen. „Igelkuppeln" sind im Handel erhältlich. Zu Winterbeginn zu schwache Igel in Igelstationen oder Tierheimen abgeben.

Foto: Peter Meyer, aid

Braunbrustigel

BEISPIEL

Europäischer Maulwurf *Talpa europaea*

GEGEN

Erdraupen, Kohlschnakenlarven und andere im Boden lebende Schadinsekten sowie Schnecken

ERSCHEINUNGSBILD

Der Maulwurf trägt ein samtschwarzes, seidiges Fell. Auffallend sind seine beiden großen, zu Grabschaufeln umgewandelten Vorderfüße, der spitz zur Schnauze hin zulaufende Kopf und die kleinen Augen. Seine Körperlänge liegt zwischen zwölf und 15 Zentimetern.

LEBENSWEISE

Der gegenüber Artgenossen aggressive Einzelgänger lebt im Erdreich in einem weit verzweigten Gangsystem mit bis zu 200 Meter langen Laufgängen und einem Kessel. Er kann in seinen Gängen schnell vorwärts und rückwärts laufen, wobei ihm beim Rückwärtslaufen die Tastborsten am Schwanz gute Dienste leisten. Durch seine Gänge kann er Wurzeln frei legen oder abbeißen. Er liebt tiefgründigen, lockeren Boden, meidet Wasser und hohen Grundwasserstand. Er frisst Insekten, Würmer – vor allem Regenwürmer – und Schnecken, aber kein pflanzliches Material. Er orientiert sich vor allem mit seinem Rüssel als Geruchs- und Tastwerkzeug und nimmt mit dem ganzen Körper Bodenerschütterungen wahr. Die Paarung erfolgt Anfang März bis Anfang Mai. Drei bis vier Wochen später werden zwei bis sechs nackte Junge geboren, die bis zu fünf Wochen in dem meist 50 bis 80 Zentimeter tief gelegenen Nest bleiben. Der Maulwurf hält keinen Winterschlaf.

BEDEUTUNG UND BESONDERHEITEN

Der Maulwurf ist in Deutschland der einzige Vertreter seiner Familie (Talpidae). Er braucht täglich mindestens so viel Nahrung wie er selbst wiegt. Das ergibt im Jahr eine Futtermenge von circa 36 Kilogramm. Da er mit Erdraupen, Drahtwürmern, Kohlschnakenlarven usw. gerade die Insektenstadien im Boden vertilgt, denen sonst oft nur schwer beizukommen ist, sollte man ihn als Nützling schätzen.

Feinde des Maulwurfs sind Marder, Füchse, Katzen, Bussarde, Eulen und Weißstörche. Seine Gänge sind im Querschnitt breit-oval, was sie von den hoch-ovalen Gängen der Wühlmaus unterscheidet.

SCHONUNG UND FÖRDERUNG

Der Maulwurf steht unter Naturschutz. Er darf nicht gefangen und erst recht nicht getötet werden. Gerät er in Wühlmaus-Lebendfallen (zweimal täglich kontrollieren!), so muss er schnellstens wieder freigelassen werden, sonst verhungert er. Wem die Wühlerei unerträglich ist, kann versuchen den Maulwurf mit Hausmitteln zu vertreiben, zum Beispiel indem man einen Pflock in einen Maulwurfshügel schlägt und täglich öfter daran klopft.

Foto: Peter Meyer, aid

Europäischer Maulwurf

SPITZMÄUSE

In Deutschland kommen neun verschiedene Spitzmausarten vor, allerdings mit regional etwas unterschiedlicher Ausprägung. Die Spitzmäuse haben zwar eine mausähnliche Gestalt, zählen aber zu den Insektenfressern und nicht zu den Mäusen. Ihre Schnauze ist rüsselförmig, die Schneide- und Eckzähne sind sehr spitz. Im Folgenden werden als Beispiele die Gartenspitzmaus und die Hausspitzmaus beschrieben.

BEISPIEL

Gartenspitzmaus *Crocidura suaveolens* und Hausspitzmaus *Crocidura russula*

GEGEN

Schnecken, Würmer, Insekten und Mäuse

ERSCHEINUNGSBILD

Die Gartenspitzmaus misst ohne Schwanz 5,5 bis 7,5 Zentimeter und hat kurze Ohren und kleine Augen. Die Hausspitzmaus *Crocidura russula* ist mit 6,5 bis 9 Zentimetern etwas größer.

LEBENSWEISE

Spitzmäuse sind Einzelgänger. Erwachsene Tiere treffen sich nur bei der Paarung und beim Kampf, der meist unblutig bleibt. Wegen ihres schnellen Stoffwechsels benötigen sie viel Nahrung. Sie leben überwiegend in den Gängen von Mäusen und Maulwürfen und dringen im Winter auch in Häuser und Ställe ein. Spitzmäuse sind meist nachtaktiv und halten keinen Winterschlaf. Soweit bekannt, werfen sie zweimal oder öfter im Jahr fünf bis zehn Junge, die schon nach 40 Tagen geschlechtsreif sind. Werden Gartenspitzmäuse erheblich gestört, so ziehen sie manchmal in einer Karawane um: Das Weibchen führt die Jungen, die sich jeweils am Schwanz des Vordertieres festbeißen.

BEDEUTUNG UND BESONDERHEITEN

Die Gartenspitzmaus vertilgt Engerlinge, Drahtwürmer, Maulwurfsgrillen, Würmer, Schnecken und Mäuse.
Feinde der Gartenspitzmaus sind Greifvögel, Eulen, Hermeline, Mauswiesel und Katzen. Spitzmäuse können durch Bisse, Kratzer oder Exkremente und deren Staub die auch für Menschen gefährlichen Hanta-Viren übertragen.

SCHONUNG UND FÖRDERUNG

Gegen Wühlmäuse möglichst Lebendfallen einsetzen und mindestens zweimal täglich kontrollieren. Gefangene Spitzmäuse (und Maulwürfe) freilassen, da sie sonst innerhalb weniger Stunden verhungern. Beim Kompostumsetzen auf Spitzmäuse achten. Spitzmäuse stehen unter Naturschutz.

Foto: Rometsch (LTZ Augustenberg)

Gartenspitzmaus

FLEDERMÄUSE

In Deutschland kommen circa 24 Fledermausarten vor. In Gärten treten am häufigsten die Zwergfledermaus (*Pipistrellus pipistrellus*), die Breitflügelfledermaus (*Eptesicus serotinus*) und das Braune Langohr (*Plecotus auritus*) auf. Alle drei gehören zur Familie der Glattnasen, die in Deutschland mit 22 Arten vertreten ist.

GEGEN

Insekten

ERSCHEINUNGSBILD

Fledermäuse sind die einzigen fliegenden Säugetiere Europas. Ihr Körper ist kurz und gedrungen, aber Arme, Mittelhandknochen und die Finger – außer den Daumen – sind stark verlängert, die Ohren sind oft relativ groß. Die dünne Flughaut befindet sich zwischen Rumpf, Gliedmaßen und Schwanz. Die in Deutschland auftretenden Fledermäuse haben je nach Art eine Körperlänge (Kopf und Rumpf ohne Schwanz) zwischen 3,3 und acht Zentimetern. Die Flügelspannweite liegt allerdings zwischen 19 und 43 Zentimetern.

LEBENSWEISE

Fledermäuse sind Nachttiere und fliegen meist erst kurz vor oder nach Sonnenuntergang aus. Sie jagen im Flug mithilfe ihrer Ultraschall-Peilung und erbeuten dabei unter anderem Nachtfalter, Käfer, Wiesen- und Kohlschnaken. Tagsüber halten sie sich in Höhlen, hohlen Bäumen oder in Verstecken an Häusern verborgen. Zum Überwintern brauchen sie zugluftfreie Schlafplätze, wo dauerhaft Temperaturen von über 0 °C herrschen, wie frostfreie Höhlen, von außen frei zugängliche Kellerräume oder Dachstühle. Die ein bis zwei Jungen kommen nackt und blind zur Welt. Sobald das Haarkleid der Jungen ausgebildet ist, hängen sie frei neben der Mutter und bleiben bei deren Ausflügen am Ruheplatz zurück. Mutter und Junge finden sich durch gegenseitige Rufe wieder. Im Alter von 45 bis 60 Tagen beginnen die Jungen unbeholfen zu fliegen. Obwohl sie lediglich durch Muttermilch ernährt wurden, haben sie dann schon fast die Größe der Mutter erreicht. Mit 15 Monaten werden sie geschlechtsreif. Eine Zwergfledermaus wiegt nur fünf Gramm, sie kann aber bis zu 500 Insekten pro Stunde verspeisen.

BEDEUTUNG UND BESONDERHEITEN

Da sie Insekten, insbesondere Nachtfalter, vertilgen, sind Fledermäuse sehr nützlich. Wegen ihrer geringen Zahl sind sie aber zurzeit nur von geringer Bedeutung für den Pflanzenschutz.

Feinde der Fledermaus sind Greifvögel, Eulen, Parasiten wie Flöhe und Wanzen sowie Fledermausviren, die auch für Menschen gefährlich sind.

SCHONUNG UND FÖRDERUNG

Alle Fledermausarten sind geschützt. Unterschwellige Ängste gegenüber diesen „Nachtgespenstern" sind unbegründet. Breitwirksame Insektizide vermeiden. Unterirdische Hohlräume nur betreten, wenn keine Fledermäuse beeinträchtigt werden. Das gilt auch für das Geocaching – die moderne Form der Schatzsuche mittels GPS. Bäume mit Specht- oder Fäulnishöhlen sollten nach Möglichkeit erhalten werden. Spezielle Fledermausnistkästen sind im Handel erhältlich, ebenso wie „Fledermaussteine", das sind spezielle Dachziegel mit Einflugöffnungen. Örtliche Naturschutzgruppen helfen, die vorkommenden Arten zu bestimmen und informieren über deren gezielte Förderung.

Foto: Peter Meyer, aid

Zwergfledermaus *Pipistrellus pipistrellus*

MARDER

BEISPIEL

Hermelin *Mustela erminea* und Mauswiesel *Mustela nivalis*

GEGEN

Feldmäuse und Wühlmäuse

ERSCHEINUNGSBILD

Die kleinsten Marder in Deutschland sind Hermelin und Mauswiesel. Das Hermelin wird etwa 30 Zentimeter lang (plus zehn Zentimeter Schwanz). Der Sommerpelz ist braunrot, unterseits aber gelblich-weiß, die Schwanzspitze ist schwarz. Das Winterkleid ist reinweiß, nur die Schwanzspitze bleibt schwarz. Das Mauswiesel ist nur 16 bis 23 Zentimeter lang, deutlich schlanker und behält in Deutschland, abgesehen vom Hochgebirge, seinen braunroten Pelz ganzjährig. Die Schwanzspitze des Mauswiesels ist jedoch nie schwarz.

LEBENSWEISE

Beide Wieselarten besiedeln Steinhaufen, im Winter auch gerne Gebäude. Das Mauswiesel lebt darüber hinaus in Maulwurfsgängen. Ihre Reviere können bis zu acht Hektar groß sein. Nasses Gelände und Wälder werden gemieden. Wiesel sind überwiegend nachtaktiv und leben meist am Boden. Sie werfen ein- oder zweimal im Jahr fünf bis zehn blinde Junge. Ihre Lebensdauer soll acht bis zehn Jahre betragen.

BEDEUTUNG UND BESONDERHEITEN

Wiesel sind wichtige Gegenspieler von Wühlmäusen, die 50 bis 80 % der Nahrung des Mauswiesels ausmachen. Bei Übervermehrungen von Mäusen vernichten die Wiesel mehr Mäuse als sie fressen können. Leider verspeisen sie gelegentlich auch Vogeleier von Bodenbrütern. Feinde sind Füchse, Katzen, Eulen und Greifvögel.

SCHONUNG UND FÖRDERUNG

Gegen Mäuse Lebendfallen nutzen. Stein-, Reisig- oder Totholzhaufen im Garten belassen.

Foto: Wolfgang Alexander Bajohr

Mauswiesel

Systematik

Die im Heft vorgenommene Einteilung der Nützlinge weicht in einigen Punkten von der offiziellen biologischen Systematik ab. Eine korrekte taxonomische Einordnung der als Beispiele aufgeführten Nützlinge und Nützlingsgruppen findet sich in der folgenden Tabelle.

Tab. 1: Taxonomische Einordnung der aufgeführten Nützlinge, nach Stresemann (2005) und Brohmer (2006)

Stamm	Klasse	Ordnung	Familie	Beispiel
Schlauchwürmer	Fadenwürmer	Mermithoidea	Mermithidae	*Mermis subnigrescens*
			Heterorhabditidae	*Heterorhabditis bacteriophora*
Ringelwürmer	Clitellata	Wenigborster	Regenwürmer	Gemeiner Regenwurm
Gliederfüßer	Spinnentiere	Spinnen	Zitterspinnen	Große Zitterspinne
			Baldachinspinnen	*Neriene montana*
			Radnetzspinnen	Gartenkreuzspinne
			Wolfsspinnen	*Trochosa ruricola*
			Raubspinnen	Listspinne
			Springspinnen	*Marpissa muscosa, Salticus cingulatus*
		Weberknechte		
		Milben	Phytoseiidae	Raubmilbe
			Trombidiidae	Samtmilbe
	(Tausendfüßer) Hundertfüßer	Steinläufer	Steinläufer	*Lithobius forficatus*
	Insekten	Libellen	Edellibellen	Blaugrüne Mosaikjungfer
		Ohrwürmer	Forficulidae	Gemeiner Ohrwurm
		„Heuschrecken" (Langfühlerschrecken)	Singschrecken	Grünes Heupferd
		Flechtlinge/Staubläuse		
		Wanzen	Rückenschwimmer	Gemeiner Rückenschwimmer
			Blumenwanzen	*Anthocoris nemorum*
			Sichelwanzen	*Nabis rugosus, Nabis ferus*
			Weichwanzen	*Psallus ambiguus*

Stamm	Klasse	Ordnung	Familie	Beispiel
Gliederfüßer	Insekten	Kamelhalsfliegen		
		Echte Netzflügler	Taghafte	
			Florfliegen	Gemeine Florfliege
			Ameisenjungfern	Gefleckte Ameisenjungfer
		Käfer	Laufkäfer	Goldlaufkäfer, Ahlenkäfer
			Aaskäfer	Schwarzer Schneckenjäger
			Kurzflügler	
			Leuchtkäfer (Glühwürmchen)	
			Weichkäfer	Gemeiner Weichkäfer
			Marienkäfer	Siebenpunkt-Marienkäfer, Schwarzer Kugelmarienkäfer, Zweiundzwanzigpunkt-Marienkäfer
		Hautflügler, Unterordnung „Stechimmen"	Bienen	Honigbiene, Blaue Holzbiene, Ackerhummel
			Ameisen	Grauschwarze und Rotrückige Sklavenameise
			Wespen	Deutsche Wespe, Hornisse
		Überfamilie Erzwespen	„Zehrwespen" (Aphelinidae)	Blutlauszehrwespe, *Encarsia perniciosi*
			Trichogramma-„Schlupfwespen" (Trichogrammatidae)	*Trichogramma brassicae, Trichogramma evanescens*
		Überfamilie Schlupfwespen (Ichneumonoidea)	Brackwespen	*Cotesia glomerata*
			Blattlausschlupfwespen	*Aphidius ervi, Diaeretiella rapae*
			Echte Schlupfwespen	*Itoplectis alternans*
		Zweiflügler, Unterordnung Mücken	(Räuberische) Gallmücken	Räuberische Gallmücke, Spinnmilbenfressende Gallmücke

Stamm	Klasse	Ordnung	Familie	Beispiel
Gliederfüßer	Insekten	Zweiflügler, Unterordnung Fliegen	Schnepfenfliegen	
			Schwebfliegen	
			„Echte" Fliegen	*Coenosia,* Raubfliege
			Raupenfliegen	*Cyzenis albicans,* Igelfliege
Chordatiere (Unterstamm: Wirbeltiere)	Lurche (Amphibien)	Schwanzlurche	Molche[1]	Teichmolch
		Froschlurche	Kröten	Erdkröte
	Kriechtiere (Reptilien)	Schuppenkriechtiere	Eidechsen	Zauneidechse
	Vögel	Greifvögel	Falken	Turmfalke
		Eulen	Eulen	Waldohreule
		Spechtartige	Spechte	Buntspecht
		Sperlingsvögel	Meisen	Kohlmeise
	Säugetiere	Insektenfresser	Igel	Braunbrustigel
			Maulwürfe	Europäischer Maulwurf
			Spitzmäuse	Gartenspitzmaus
		Fledermäuse		
		Raubtiere	Marder	Hermelin, Mauswiesel

[1] „Molche" ist streng genommen keine Familien-, sondern eine Gattungsbezeichnung.

16 Schädlinge im Garten und ihre Gegenspieler

Die Tabelle auf den folgenden Seiten gibt einen Überblick über die vielfältigen Nützlings-Schädlings-Beziehungen, die im Garten auftreten können. Sie zeigt, auf welche Nützlinge man beim Auftreten eines bestimmten Schädlings achten sollte. Es sind also nur einige Beziehungen aufgeführt, längst nicht alle. Manchmal kann man beobachten, wie erfolgreich die Nützlinge arbeiten und danach entscheiden, ob und welche Pflanzenschutzmaßnahmen erforderlich sind.

In der linken Spalte wurden die wichtigsten Schädlinge, sortiert nach ihren deutschen Namen, aufgelistet. In der Kopfzeile sind die Nützlinge bzw. Nützlingsgruppen zugeordnet. Die Familien der Brackwespen, Blattlaus-Schlupfwespen und Echten Schlupfwespen wurden dabei zur Überfamilie Schlupfwespen zusammengefasst. Zum Teil sind unter den Schädlingen Tiere aufgeführt, die im Heft als Nützlinge vorgestellt wurden, zum Beispiel Maulwürfe und Vögel. Dies erklärt sich dadurch, dass ein Tier sowohl nützliche als auch schädliche Wirkungen haben kann und daher im Einzelfall zu entscheiden ist, ob man es fördern oder bekämpfen möchte.

Die Buchstaben in den Feldern kennzeichnen bei den Schadinsekten das Entwicklungsstadium, welches durch den entsprechenden Nützling geschädigt wird. Bei den Blattläusen und Wollläusen wurde auf die Angaben zu den Entwicklungsstadien verzichtet, da diese wenig hilfreich sind. Blattläuse sind oft lebendgebärend und haben zudem eine unvollständige Entwicklung. Das heißt, die Larven sehen den Imagines sehr ähnlich und sind für den Laien nicht zu unterscheiden. Puppen gibt es nicht.

Zusätzlich wurde die Bedeutung der Nützlinge bei der Reduzierung der Schädlinge abgeschätzt und farblich markiert. Im Allgemeinen ist die Wirkung eines Nützlings von vielen Faktoren abhängig und deshalb schwer abzuschätzen (**orange Felder**). In einigen Fällen ist aber bekannt, dass er wirksamer als andere Gegenspieler ist (**blaue Felder**). Andererseits gibt es Gegenspieler, die eher von geringerer Bedeutung sind (**graue Felder**).

Relative Bedeutung der Gegenspieler

- geringe Wirkung
- Wirkung unterschiedlich (schwer abschätzbar)
- starke Wirkung

Befallenes Entwicklungsstadium

E = Ei
L = Larve
P = Puppe
I = Image

Afterraupen:	siehe Blattwespen
Drahtwürmer:	siehe Schnellkäfer
Eulen-Schmetterlinge:	siehe Erdraupen und Kohleule
Pflaumensägewespe:	siehe Blattwespen
Sitkafichtenlaus:	siehe Fichtenröhrenlaus
Tipula:	siehe Schnaken

Schädlinge im Garten und ihre Gegenspieler

Schädling \ Nützling	Nützliche Pilze	Nützliche Nematoden	Ringelwürmer	Spinnen	Weberknechte	Milben: Raubmilben	Milben: Laufmilben	Hundertfüßer	Libellen	Ohrwürmer	Heuschrecken
Apfelblattsauger	L			I							
Apfelblütenstecher	I,L										
Apfelwickler	L,P										
Blattläuse*											
Blattwespen (Larven: Afterraupen)											
Blutlaus											
Brombeergallmilbe						E,L,I					
Dickmaulrüßler	L,P	L,P									
Erdflöhe	L,P			I							
Erdraupen		L,P									
Fichtengallenläuse											
Fichtenröhrenlaus											
Frostspanner, Kleiner	P			I							
Gladiolenthrips	L,I					L,I					
Goldafter											
Johannisbeer-Gallmilbe	L,I					L,I					
Kartoffelkäfer	P,I	I		L	L					E,L	L
Kirschfruchtfliege		L									
Kohlblattlaus, Mehlige											
Kohldrehherzmücke		L		I							
Kohleule	I	I									
Kohlfliege, Kleine	I			I							
Kohlgallenrüßler											
Kohlmotte				L,I							
Kohlweißlinge				I							
Lauchmotte				I							
Lilienhähnchen				I							
Mäuse											

* siehe auch Blutlaus, Fichtenröhrenlaus, Fichtengallenläuse, Mehlige Kohlblattlaus, Wurzelläuse

16 Schädlinge im Garten und ihre Gegenspieler

Nützling / Schädling	Wanzen					Netzflügler		Käfer					
	Räuberische Wanzen allg.	Blumenwanzen	Sichelwanzen	Weichwanzen	Kamelhalsfliegen	Taghafte	Florfliegen	Laufkäfer	Aaskäfer	Kurzflügler	Leuchtkäfer	Weichkäfer	Marienkäfer
Apfelblattsauger		E,L		L									E,L
Apfelblütenstecher													
Apfelwickler													
Blattläuse*													
Blattwespen (Larven: Afterraupen)	E,L									L			
Blutlaus													
Brombeergallmilbe													
Dickmaulrüßler								E,L					
Erdflöhe								L,I					
Erdraupen								L					
Fichtengallenläuse													
Fichtenröhrenlaus													
Frostspanner, Kleiner	E,L								L				
Gladiolenthrips		L,I											
Goldafter									L				
Johannisbeer-Gallmilbe													
Kartoffelkäfer				E,L			E	L	L	L			
Kirschfruchtfliege													
Kohlblattlaus, Mehlige													
Kohldrehherzmücke								L					
Kohleule								E,L					
Kohlfliege, Kleine								E,L		E,L,P			
Kohlgallenrüßler										L			
Kohlmotte	E,L						L						
Kohlweißlinge													
Lauchmotte													
Lilienhähnchen													
Mäuse													

* siehe auch Blutlaus, Fichtenröhrenlaus, Fichtengallenläuse, Mehlige Kohlblattlaus, Wurzelläuse

Hautflügler				Zweiflügler										Säugetiere				
Ameisen	Wespen	Erzwespen	Schlupfwespen	Räuberische Gallmücken	Schwebfliegen	Räuberische Fliegen	Raupenfliegen	Molche	Kröten	Eidechsen	Greifvögel	Eulen	Vögel, andere	Igel	Maulwurf	Spitzmäuse	Fledermäuse	Marder
		E			L								I					
			L										L,I					
		E	L,P				L						L,P,I				I	
L	L	E	L,P				L						L	L		L	I	
									I	I				I	L,P,I	L,I		
			L															
		E	L,P				L		L				L,P,I		L,P	L,P	I	
			L				L						L,I				I	
		L				L,I												
			L				L						I				I	
													L,I		P,I			
			L,P										I					
	L	E	L				L						L,I				I	
			L															
		L	L										I					
		E	L,P															
		E	L,P										L,P,I					
			L,P															
		E	L,P				L						I					

Nützling / Schädling	Nützliche Pilze	Nützliche Nematoden	Ringelwürmer	Spinnen	Weberknechte	Milben: Raubmilben	Milben: Laufmilben	Hundertfüßer	Libellen	Ohrwürmer	Heuschrecken
Maulwurf											
Möhrenfliege	I			I							
Mottenschildläuse	L,I			I							
Nematoden											
Netzwanzen	L,I										
Pflaumenwickler	L,P										
Ratten											
Rhododendronzikade				I							
Ringelspinner	I									E,L	
Rosengallwespe, Gemeine				I							
Rosenzikade				I							
Rübenfliege	I										
Schalenwickler	L,P										
Schlehenspinner											
Schmetterlingslarven*	L,P									L	L
Schnaken		L		I							
Schnecken											
Schneeballblattkäfer											
Schnellkäfer (L: Drahtwürmer)	L,P,I										
Schwammspinner	L										
Spargelfliege				I							
Spinnmilben											
Tausendfüßer											
Thripse (Blasenfüße)	L,I			L,I		L,I					
Vögel											
Wollläuse											
Wurzelläuse											
Zwiebelfliege	I	L									

* siehe auch Apfelwickler, Erdraupen, Frostspanner, Goldafter, Kohleule, Kohlmotte, Kohlweißlinge, Lauchmotte, Pflaumenwickler, Schalenwickler, Schlehenspinner, Schwammspinner

Wanzen					Netzflügler		Käfer						Hautflügler			
Räuberische Wanzen allg.	Blumenwanzen	Sichelwanzen	Weichwanzen	Kamelhalsfliegen	Taghafte	Florfliegen	Laufkäfer	Aaskäfer	Kurzflügler	Leuchtkäfer	Weichkäfer	Marienkäfer	Ameisen	Wespen	Erzwespen	Schlupfwespen
							E,L		E,L							L
						L,P						E,L,P			L	
L						L										
															E	L,P
						L										
							E,L								E,L	L
															E	
															E	
									E,L,P						L	L
															E	L,P
															E	L
E,L							L,P	L,P						L	E,L	L
							L,P		L		L					
															E,L	L
							L		L							L
							L,P	L								L
																L
E,L,I						L,I						L				
							E,L		E,L,P							L,P

Nützling / Schädling	Zweiflügler										Säugetiere				
	Räuberische Gallmücken	Schwebfliegen	Räuberische Fliegen	Raupenfliegen	Molche	Kröten	Eidechsen	Greifvögel	Eulen	Vögel, andere	Igel	Maulwurf	Spitzmäuse	Fledermäuse	Marder
Maulwurf															
Möhrenfliege															
Mottenschildläuse		L													
Nematoden															
Netzwanzen															
Pflaumenwickler				L						L,P,I				I	
Ratten															
Rhododendronzikade															
Ringelspinner				L						I				I	
Rosengallwespe, Gemeine															
Rosenzikade															
Rübenfliege															
Schalenwickler				L						L,P,I				I	
Schlehenspinner				L						L,I					
Schmetterlingslarven*				L						L,I	L,P		L,P	I	
Schnaken						L,I				I		L,P	L,P	I	
Schnecken															
Schneeballblattkäfer										L,I					
Schnellkäfer (L: Drahtwürmer)						I				L		L,P	L		
Schwammspinner				L											
Spargelfliege										I					
Spinnmilben															
Tausendfüßer															
Thripse (Blasenfüße)			I												
Vögel															
Wollläuse															
Wurzelläuse															
Zwiebelfliege															

* siehe auch Apfelwickler, Erdraupen, Frostspanner, Goldafter, Kohleule, Kohlmotte, Kohlweißlinge, Lauchmotte, Pflaumenwickler, Schalenwickler, Schlehenspinner, Schwammspinner

Weiterführende Literatur

(die auch von den Autoren als Quellen genutzt wurde)

Albert, R.; Allgaier, C.; Schneller, H.; Schrameyer, K. (2007): Biologischer Pflanzenschutz im Gewächshaus – Die Alternative für geschützte Räume. Ulmer Verlag, Stuttgart

Amann, G. (2011): Kerfe des Waldes, Verlag Neumann-Neudamm, Melsungen

Bellmann, H. (2009): Der neue Kosmos Insektenführer. Kosmos Verlag, Stuttgart

Bellmann, H. (2010): Der neue Kosmos Spinnenführer. Kosmos Verlag, Stuttgart

Bellmann, H. (2010): Steinbachs Naturführer: Insekten. Ulmer Verlag, Stuttgart

Berling, R. (2010): Nützlinge und Schädlinge in unserem Garten, BLV Buchverlag, München

Schaefer, M. (Hrsg,) (2009): Brohmer – Fauna von Deutschland: Ein Bestimmungsbuch unserer heimischen Tierwelt. Verlag Quelle & Meyer

Génsbol, B.; Thiede, W. (2004): Greifvögel. BLV Buchverlag, München

Harde, K. W.; Severa, F. (2009): Der Kosmos Käferführer – Die Käfer Mitteleuropas. Kosmos Verlag, Stuttgart

Kormann, K. (2002): Schwebfliegen und Blasenkopffliegen Mitteleuropas – Ein Naturführer zum Bestimmen der wichtigsten Arten. Fauna Verlag, Nottuln

Mebs, T.; Scherzinger, W. (2008): Die Eulen Europas – Biologie, Kennzeichen, Bestände. Kosmos Verlag, Stuttgart

Kweet, A. (2011): Reptilien und Amphibien Europas. Kosmos Verlag, Stuttgart

Richarz, K. (2010): Steinbachs Naturführer: Säugetiere. Ulmer Verlag, Stuttgart

Stresemann, E. (2005): Exkursionsfauna von Deutschland, Band 1 und 2. Spektrum Akademischer Verlag

Svensson, L.; Grant, P.J.; Mullarney, K.; Zetterström, D. (2011): Der Kosmos – Vogelführer Alle Arten Europas, Nordafrikas und Vorderasiens. Kosmos Verlag, Stuttgart

Witt, R. (2009): Wespen – beobachten, bestimmen. Vademecum Verlag, Oldenburg

Weiterführende Literatur

Nur noch antiquarisch erhältlich:

Arnold, E. N.; Burton, J. A. (1983): Pareys Reptilien- und Amphibienführer Europas. Blackwell Wissenschafts-Verlag Hamburg Berlin

Bellmann, H. (1993): Heuschrecken – beobachten, bestimmen. Naturbuch Verlag, Augsburg

Bellmann, H. (2000): Libellen – beobachten, bestimmen. Naturbuch Verlag, Augsburg

Bellmann, H. (2001): Spinnen – beobachten, bestimmen. Naturbuch Verlag, Augsburg

Bellmann, H.; Honomichl, K.; Jacobs, W.; Renner, M. (2007): Biologie und Ökologie der Insekten. Spektrum Akademischer Verlag

Dieterlen, F.; Schlüter, A.; Möhne, E. (1989): Wegweiser durch die Natur – Säugetiere und andere Landtiere Mitteleuropas. Verlag Das Beste GmbH, Stuttgart

Fortmann, M. (2000): Das große Kosmosbuch der Nützlinge. Franckh-Kosmos Verlag, Stuttgart

Krieg, A.; Franz, J.M. (1989): Lehrbuch der biologischen Schädlingsbekämpfung. Verlag Paul Parey, Berlin und Hamburg

Mertens, R. (1952): Welches Tier ist das? Kriechtiere und Lurche. Komos-Naturführer. Franckh'sche Verlagshandlung, Stuttgart

Reichholf-Riehm, H. (1984): Insekten. Steinbachs Naturführer. Mosaik Verlag, München

Stehli, G.; Brohmer, P. (1952): Welches Tier ist das? Säugetiere. Kosmos-Naturführer. Franckh'sche Verlagshandlung, Stuttgart

Steiner, H. (1985): Nützlinge im Garten. Ulmer Taschenbuch. Verlag Eugen Ulmer, Stuttgart

Stresemann, E. (2005): Exkursionsfauna von Deutschland, Spektrum Akademischer Verlag

Wachmann, E. (1989): Wanzen beobachten – kennen lernen. Verlag J. Neumann-Neudamm, Melsungen

Glossar

Begriff	Erläuterung
aculeat	zu den ↑ Aculeaten gehörend
Aculeaten	Insektengruppe, bei der die Weibchen einen Wehrstachel bzw. Giftstachel besitzen (Stechwespen, Stechimmen)
adult	erwachsen
Akarizid	Stoff zur Bekämpfung schädlicher Milben
Antennen	= Fühler: paarige Extremitäten am Kopf mit zahlreichen Sinnesorganen z. B. bei Insekten, Krebsen, Hundertfüßern
Biotop	kleinräumige Lebensstätte einer Gemeinschaft von unterschiedlichen Organismen, z. B. ein Hochmoor, Teich oder Trockenrasen
Chitinhülle	äußeres Skelett wirbelloser Tiere (z. B. Insekten, Krebse, Spinnen), das aus dem Vielfachzucker Chitin besteht
Eiparasitoid	Schmarotzer, der innerhalb eines Eies lebt, sich davon ernährt und es abtötet
Ektoparasit bzw. -parasitoid	Schmarotzer, der sich außen am Wirtstier festhält und sich davon ernährt
Endoparasit bzw. -parasitoid	Schmarotzer, der im Inneren eines Wirtstiers lebt und sich davon ernährt
Enzym	Stoff (Eiweiß), der in den Zellen chemische Umsetzungen ermöglicht
faunenfremde Art	Tierart, die aus einem anderen Lebensraum zugewandert ist oder eingeschleppt wurde
Fungizid	Stoff zur Bekämpfung schädlicher Pilze
Hämolymphe	Körperflüssigkeit bei wirbellosen Tieren mit offenem Blutgefäßsystem
Honigtau	stark zuckerhaltige Ausscheidung von pflanzensaftsaugenden Insekten, vor allem Blattläusen und Napfschildläusen
Hymenopteren	Hautflügler (Hymenoptera, Ordnung in der Klasse der Insekten)

Begriff	Erläuterung
Imaginalparasitoid	Schmarotzer, der innerhalb eines ausgewachsenen Tieres lebt und sich davon ernährt
Imago (Mehrzahl: Imagines)	erwachsenes Entwicklungsstadium, voll entwickeltes Insekt, auch „Vollinsekt“ (z. B. ein ausgewachsener Schmetterling im Gegensatz zur Raupe oder Puppe)
Insektenpathogen	Erreger einer Insektenkrankheit
Insektizid	Stoff zur Bekämpfung schädlicher Insekten
Intersegmentalhaut	Haut, die bei Gliedertieren wie Insekten, Krebsen und Spinnentieren die einzelnen Glieder (Segmente) verbindet
Jugendstadium	im Jugendstadium entwickelt sich ein Tier, ist also noch nicht geschlechtsreif. Bei sich häutenden Tieren mit Verwandlung haben die Jugendstadien (Larven) meist eine gänzlich andere Gestalt als die erwachsenen Tiere und oft auch eine andere Lebensweise (z. B. leben Mückenlarven im Wasser, die erwachsenen Tiere an Land). Viele Insekten durchlaufen mehrere Jugendstadien, die sich z. B. anhand der Größe des Kopfes unterscheiden lassen.
Kessel	unterirdische Wohnhöhle von Tieren mit mehreren Ein- und Ausgängen, beim Maulwurf ausgepolstert und von Belüftungsgängen ringförmig umgeben
Königin	bei staatenbildenden Insekten das Weibchen, das (meist) allein die Eier legt und den Staat gründet
Kulturfolger	Tier- und Pflanzenarten, die die vom Menschen veränderten Lebensräume bewohnen, da ihnen dadurch Vorteile entstehen (z. B. Amseln im Bereich von Siedlungen)
Larve	Frühes Entwicklungsstadium von Tieren, die verschiedene Entwicklungsstadien durchlaufen, die sich in Form und Lebensweise deutlich unterscheiden (z. B. Ei – Larve – Puppe – Imago), vgl. auch ↑ Jugendstadium
Larvenparasitoid	Schmarotzer, der innerhalb einer Larve lebt, sich von dieser ernährt und sie abtötet

Begriff	Erläuterung
Makrofauna	Gesamtheit der größeren Tiere (4 bis 80 mm groß) im Boden eines bestimmten Bereichs
Nymphe	Entwicklungsstadium von Gliedertieren mit unvollständiger Verwandlung; anders als Larven unterscheiden sich Nymphen äußerlich nur wenig von der erwachsenen Form
Ökosystem	Beziehungsgeflecht aller Lebewesen untereinander und mit den unbelebten Einheiten eines Bereichs
Parasit	Schmarotzer, der von seinem Wirt lebt, ohne ihn zu töten
Parasitoid	Schmarotzer, der von seinem Wirt lebt und ihn tötet
parthenogenetisch	durch Jungfernzeugung fortgepflanzt, also ohne Begattung
pathogen	krankheitserregend
Pedipalpen	das zweite Paar der Mundwerkzeuge bei Spinnen (1. Paar: Cheliceren), dient als Tastorgan, bei den Männchen auch zur Begattung
Pheromon	Duftstoff, der von Insekten abgegeben wird, um das Verhalten von Artgenossen zu beeinflussen oder um in ihre Entwicklung einzugreifen
Pilzmycel	Körper der Pilze ohne Fortpflanzungsorgane
polyphag	ein polyphages Tier ernährt sich von vielen verschiedenen Nahrungsquellen (Gegensatz: monophag)
Puppe	Entwicklungsstadium bei Insekten mit vollständiger Verwandlung zwischen Larve und Imago
Puppenparasitoid	Schmarotzer, der sich von einer Insektenpuppe ernährt und sie abtötet
räuberisch	sich wie ein Räuber verhaltend; Räuber ernähren sich von noch lebenden Tieren, sie jagen und töten diese
Schutzräuber	ein räuberischer Gegenspieler eines Schädlings, der dessen Massenvermehrung verhindern kann

Begriff	Erläuterung
Spore	Vermehrungs- und Verbreitungsorgan, z. B. von Pilzen
Sporenträger	Teile von Pilzen, die die Vermehrungsorgane (↑ Sporen) tragen
Symbiose	Lebensgemeinschaft ungleicher Lebewesen zu gegenseitigem Nutzen
Thorax	mittlerer Körperabschnitt von Gliederfüßern
Toxin	von Organismen erzeugter Giftstoff
Trachee	Atmungskanal bei Tieren mit äußerem Skelett (z. B. Insekten)
vollständige Verwandlung	= Holometabolie, Entwicklung in verschiedenen Stadien, die sich äußerlich und in der Lebensweise unterscheiden: vom Ei über die ↑ Larve und die ↑ Puppe zur ↑ Imago
wechselwarm	Tiere, deren Körpertemperatur von der Umgebung abhängt, sind wechselwarm.
Wirt	Das Lebewesen auf oder in dem sich ein Parasit oder Parasitoid entwickelt oder fortpflanzt

Bezugsquellen für nützlingsfördernde Produkte

Börners Meisenresidenz
Elisabethweg 23
27793 Wildeshausen
Tel.: 04431 74485
Internet: www.meisenresidenz.de
E-Mail: info@meisenresidenz.de

Ehlert und Partner GbR
Oberstr. 18
53859 Niederkassel-Rheidt
Tel.: 02208 5118
Internet: www.ehlert-partner.de
E-Mail: info@ehlert-partner.de

Erminea GmbH
Mendelstr. 11
48149 Münster
Tel.: 0251 9801555
Internet: www.erminea.com
E-Mail: info@erminea.com

Lebensgemeinschaft e. V.
Sassen
36110 Schlitz
Tel.: Sassen: 06642 802-114
Internet: www.lebensgemeinschaft.de
E-Mail: info@lebensgemeinschaft.de

W. Neudorff GmbH KG
An der Mühle 3
31860 Emmerthal
Tel.: Neudorff-Zentrale: 05155 6240
Tel.: Beratung: 0180* 5638367
Internet: www.neudorff.de
E-Mail: info@neudorff.de

prime factory GmbH & Co KG,
Abt. Schneckenprofi
Itzehoher Str. 10
25581 Hennstedt
Tel.: 01805* 724632
Internet: www.schneckenprofi.de
E-Mail: info@schneckenprofi.de

Schwegler Vogel- und Naturschutzprodukte GmbH
Heinkelstr. 35
73614 Schorndorf
Tel.: 07181 97745-0
Internet: www.schwegler-natur.de
E-Mail: info@schwegler-natur.de

STB Control
Triebweg 2
65326 Aarbergen
Tel.: 06120 900870
Internet: www.stb-control.de
E-Mail: stb-control@gmx.de

Diese Liste der Firmen und Produkte beansprucht keine Vollständigkeit. Zwischen Hersteller- und Vertriebsfirmen wurde nicht unterschieden.

Adressen von Nützlingsproduzenten bzw. -anbietern für eine Verwendung im Garten (vor allem Nematoden und Erzwespen) findet sich im Internet unter www.nuetzlings-anbieter.de.

* kostenpflichtig

Biologischer Pflanzenschutz

Biologische Verfahren haben beim Schutz der Kulturpflanzen vor Schädlingen ihren festen Platz. Umweltschonend und unbedenklich für Anwender und Verbraucher haben sie bei einigen Gewächshauskulturen den chemischen Pflanzenschutz nahezu abgelöst. Das Heft informiert über den Einsatz von Nützlingen, Bakterien, Viren und Nematoden im Freiland und unter Glas. Außerdem stellt es biotechnische Verfahren vor. Landwirte, Berufs- und Hobbygärtner erhalten Tipps zu Anwendungszeitpunkten, Ausbringmethoden und Ausbringmengen der natürlichen Helfer. Tabellen geben einen schnellen Überblick über deren Einsatzmöglichkeiten in verschiedenen Kulturen. Bezugsquellen für Nützlinge und Adressen von Beratungsstellen sind im Anhang genannt.

Heft, 14 x 21 cm, 116 Seiten, Bestell-Nr.: 5-1030

Pflanzenschutz im Garten

Schädlinge und Pflanzenkrankheiten können die Freude am Garten auf einen Schlag vernichten. Wie Sie als Hobbygärtner Ihre Nutz- und Zierpflanzen schützen und bereits erkrankte Pflanzen retten können, erfahren Sie in diesem praktischen Ratgeber. Zahlreiche Farbfotos veranschaulichen die Schadbilder der wichtigsten Krankheiten und Schädlinge an Obst, Gemüse, Zierpflanzen und Rasen. So können Sie erkennen, woran Ihre Pflanzen leiden und sich über geeignete Gegenmaßnahmen informieren. Vorbeugende Maßnahmen, wie die richtige Standortwahl, und nicht chemische Verfahren, von Fallen über Kräuterauszüge bis hin zu Pflanzenstärkungsmitteln, stehen dabei im Vordergrund.

Heft, 14 x 21 cm, 92 Seiten, Bestell-Nr.: 5-1162

Heil- und Gewürzpflanzen aus dem eigenen Garten

66 Heil- und Gewürzpflanzen werden in Wort und Bild vorgestellt. Die verschiedenen Varianten von Kräutergärten, deren Anlage sowie die zu ihrer Pflege erforderlichen Arbeiten werden beschrieben. Für jede Pflanzenart werden die Kulturansprüche, die vielfältigen Verwendungsmöglichkeiten in der Küche oder in der Naturheilkunde und verschiedene Konservierungsverfahren erläutert.

Heft, 14 x 21 cm, 56 Seiten, Bestell-Nr.: 5-1192

Giftige Pflanzen – im Garten, Haus und öffentlichen Grün

Auf schnelle und unkomplizierte Art trägt das Heft dazu bei, Giftpflanzen zu erkennen und diese von ähnlichen, auch ungiftigen Pflanzen zu unterscheiden. Das Heft stellt 59 Giftpflanzen vor, beschreibt ihre wichtigsten Erkennungsmerkmale mit farbigen Abbildungen und nennt mögliche Doppelgänger. Erläutert wird zudem, ob und welche Gefahr von den Pflanzen ausgeht, welche Teile besonders giftig sind und was man im Falle einer Vergiftung tun kann. Außerdem informiert das Heft über die Zusammensetzung und Wirkung der häufigsten Pflanzengifte und erläutert, was im Verlauf einer Vergiftung wesentlich ist. Ein (lebensrettender) Ratgeber für Eltern mit kleinen Kindern, Kindergärtner/-innen, Lehrer/-innen und Ärzte.

Heft, 14 x 21 cm, 112 Seiten, Bestell-Nr.: 5-1395

Schnittblumen frisch halten – in Produktion, Handel und zu Hause

Deutschland ist ein Blumenland! Aber gerade Schnittblumen sind ein empfindliches Produkt, dessen Qualität von vielen Faktoren abhängt. Das Heft zeigt, wie man Haltbarkeit und Qualität der Pflanzen gezielt verbessern kann. Dabei werden alle Produktionsstufen durchleuchtet, von der Züchtung über den Anbau bis zum Transport und der Lagerung im Groß- und Einzelhandel. Auch für die Pflege zu Hause und den Anbau im eigenen Garten bietet das Heft viele Anregungen. Fundiert und leicht verständlich erklärt es wichtige physiologische Prozesse, z. B. wie sich der Wasser- und Kohlenhydrathaushalt der Pflanzen nach der Ernte umstellt.

Heft, 14 x 21 cm, 72 Seiten, Bestell-Nr.: 5-1523

Von Apfel bis Zucchini – Das Jahr im Garten

Praktische Tipps rund um die Arbeit im Nutzgarten stecken in diesem Heft. Damit sind die beliebten und fachlich fundierten „Tipps für Hobbygärtner" der aid-Seite www.was-wir-essen.de nun kompakt und übersichtlich in Heftform verfügbar. Monat für Monat erfahren Hobbygärtner, welche Aufgaben es zu erledigen gibt und was jetzt gesät oder gepflanzt werden kann. Neben Aussaattabellen, Adressen und Anleitungen zu Gartenarbeiten gibt es Interessantes zu speziellen Gartenthemen, wie: Was gehört zu einer guten Bodenvorbereitung? Kartoffeln auf dem Balkon. Wie lässt sich Unkraut im Gemüsebeet vermeiden? Welche Vorbereitungen sind für den Winter zu treffen? Ein umfassender Ratgeber für den Nutzgarten voll nützlicher Tipps und kreativer Ideen.

Heft, 14,8 x 21 cm, 96 Seiten, Bestell-Nr.: 5-1559

Bestellung

www.aid-medienshop.de

Kunden-Nr. (falls vorhanden)

Name/Vorname

Firma/Abteilung

Straße und Hausnummer/Postfach

PLZ/Ort

Telefon/Fax

E-Mail

aid infodienst e. V.
– Vertrieb –
Postfach 1627, 53006 Bonn
Telefon: +49 (0)180 3 849900*
Telefax: +49 (0)228 84 99-200
E-Mail: bestellung@aid.de

*Kosten: 9 Cent pro Minute aus dem deutschen Festnetz, Anrufe aus dem Mobilfunknetz maximal 42 Cent pro Minute. Aus dem Ausland können die Kosten abweichen.

Ich (Wir) bestelle(n) zuzüglich einer Versandkostenpauschale von 3,00 € (innerhalb Deutschlands) gegen Rechnung (Angebotsstand: Mai 2011):

Best.-Nr.	Titel	Medium	Anzahl	Einzelpreis €	Gesamtpreis €
5-1536	Nützlinge im Garten	Broschüre		7,00	
5-1030	Biologischer Pflanzenschutz	Heft		4,00	
5-1162	Pflanzenschutz im Garten	Heft		3,50	
5-1192	Heil- und Gewürzpflanzen aus dem eigenen Garten	Heft		2,50	
5-1395	Giftige Pflanzen – im Garten, Haus und öffentlichen Grün	Heft		4,00	
5-1523	Schnittblumen frisch halten – in Produktion, Handel und zu Hause	Heft		4,00	
5-1559	Von Apfel bis Zucchini – Das Jahr im Garten	Heft		5,00	
5-3977	In den Garten – fertig – los! Kinder- und Jugendarbeit im Verein	Ringordner		32,00	
5-3264	aid-Medienkatalog	Heft		0,00	0,00

☐ Ich möchte regelmäßig und kostenlos den aid-Medienkatalog erhalten. Diese Zusendung kann ich jederzeit widerrufen.

Auftragswert ______

Bestellungen erfolgen ausschließlich unter Einbeziehung unserer allgemeinen Geschäftsbedingungen, die Sie im Internet unter www.aid-medienshop.de einsehen oder unserem Medienkatalog entnehmen können, den wir Ihnen auf Anforderung kostenlos zusenden. Die Informationen zur Widerrufsbelehrung und den Widerrufsfolgen auf der gegenüberliegenden Seite habe ich zur Kenntnis genommen.

Datum/Unterschrift

aid infodienst Ernährung, Landwirtschaft, Verbraucherschutz e. V. (aid), Heilsbachstraße 16, 53123 Bonn, Telefon: 0228 8499-0, Telefax: 0228 8499-177, Geschäftsführender Vorstand: Frau Dr. Margareta Büning-Fesel, eingetragen im Vereinsregister (Registernr. 2240) beim Amtsgericht Bonn